Ex Libris
Bégeot

MIKE PETERS

GRIMMY 6

T.M.

DARGAUD EDITEUR

PARIS · BARCELONE · BRUXELLES · LAUSANNE · LONDRES · NEW YORK · STUTTGART

Traduction de Anthéa Shackleton

«Loi n°49-956 du 16 Juillet 1949
sur les publications destinées à la jeunesse».

Dépôt légal : Juillet 1996
ISBN : 2-205-04516-4
publié par Dargaud Editeur

Imprimé et relié par Partenaires
Printed in France

VOICI TON DÎNER, GRIMMY.
SPLOF
BEURK
3-7
C'EST TRISTE À DIRE, MAIS MÊME LE SPLOF ME FAIT SALIVER ...

3-8
CERTAINS CHIENS SONT TRÈS POINTILLEUX QUAND ILS MARQUENT LEUR TERRITOIRE.

PAS VRAI... J'ENTENDS LE BRUIT DE LA CHASSE D'EAU.
3 17

N'OUBLIE JAMAIS, ATTILA... SI TU NE PEUX PAS DIRE DU BIEN DE QUELQU'UN ...
... MORDS LE !
POSTE
3-18

ÇA COUPE, ÇA DÉCHIRE, ÇA HACHE...
... PAS BESOIN DE L'AIGUISER!
UN CHAT SUISSE.

C'EST VRAI, JE L'AI TESTÉ...
...PAS DE TRUCAGE AVEC LA SUPER GLUE!

GRIMMY, ARRÊTE DE RENIFLER L'INTÉRIEUR DE MES CHAUSSURES!
C'EST UNE HABITUDE DÉGOÛTANTE!
COMME TOUTES MES HABITUDES.

GRIMMY, JE SORS CE SOIR... COMMENT JE ME MAQUILLE ?
AVEC DEUX COUCHES DE RIPOLIN.

MAINTENANT, JE TENTERAI DE BOUGER LES BRAS COMME UN OISEAU.
REGARDEZ... JE VOLE! JE VOLE!
GRIMMY, ÉLOIGNE-TOI DE CE MIROIR.
REGARDEZ... MAINTENANT, JE FLOTTE DANS L'AIR!
5-10

À MANGER! JE MEURS DE FAIM! À MANGER!
À L'AIDE... JE FONDS À VUE D'OEIL!
JE N'AURAI JAMAIS DU ACHETER CE MIROIR.
ADIEU
ADIEU
ADIEU
5-11

ATTILA, AIDE-MOI! J'AI PERDU LA TÊTE...
ET MAINTENANT, J'AI DEUX QUEUES.
J'ADORE LES MIROIRS!
5-12

REGARDE COMME JE SUIS MAIGRE, ATTILA!...
AÏE... JE MUE... MES CELLULES SE SCINDENT EN DEUX!
IL VA AVOIR BESOIN D'UN PSYCHIATRE POUR LE RESTE DE SA VIE!
5-13

NE VOUS INQUIÉTEZ PAS... TOUS LES CHIENS AIMENT LES MIROIRS.
VET
OUI, MAIS JE CRAINS QUE CE NE SOIT AUTRE CHOSE.
ALLONS-Y POUR LE TANGO!
5-14

5/17
FICHE LE CAMP... OUSTE... VA-T-EN, VA-T-EN!
FICHE LE CAMP... OUSTE... VA-T-EN, VA-T-EN!
À L'AIDE!
SNAP
SNAP
SNAP

ON DEVRAIT ENDORMIR LES SALES CHIENS COMME TOI!
D'AC... RÉVEILLE-MOI À DIX-SEPT HEURES!
5/18

T'ES LAID, T'ES DÉGOÛTANT ET EN PLUS TU SENS MAUVAIS... VA T'ASSEOIR AILLEURS
5/16

ON PEUT VENDRE CETTE MAISON ET ALLER VIVRE À L'HÔTEL ?
NON.
ON PEUT AU MOINS ACHETER UN TÉLÉPHONE D'HÔTEL ?
NON.
5-26
BON... ALORS COMMENT FAIRE POUR AVOIR À MANGER DANS LA CHAMBRE ?
MOI, JE NE M'EN MÊLE PAS.

M' ENFUIR DE LA MAISON SERAIT PLUS DRÔLE ...
5/21
GRIMM
... SI JE N'EMMENAIS PAS TOUJOURS LA MAISON AVEC MOI !

HÉ !... TU LES AS VRAIMENT LAISSÉS TE RASER LE POIL COMME ÇA ?
11-17

J'PEUX SORTIR, S'IL TE PLAÎT ?... J'VEUX SORTIR !... LAISSE-MOI SORTIR ! ...
HACK CHOKE HEAVE GAG !
BEURK ... IL VOMIT !
8/6
LA FIN VAUT TOUJOURS LES MOYENS !

GRIMMY, TU T'ES DÉJÀ DEMANDÉ S'IL Y A UNE VIE APRÈS LA MORT ?
MOI, JE ME DEMANDE S'IL Y A UNE VIE AVANT LE CAFÉ...

GRIMMY!
NORMALEMENT ON ÉPLUCHE LES BANANES AVANT DE LES MANGER !

SANS BLAGUE ! UNE POUBELLE PLEINE DE POISSONS POURRIS TROIS PORTES PLUS LOIN !?
LE TRAVAIL D'ÉQUIPE... QUELLE AUBAINE !

ALLEZ, SUMO... TU PEUX VENIR SUR MES GENOUX ...
PARLE... PARLE... JE VAIS ESSAYER DE TE SORTIR AVEC UNE PELLE .

VITE... MON ARBRE EST PRIS DANS UN CHAT !
CE NE SERAIT PAS PLUTÔT LE CONTRAIRE ?
NON.

GRIMMY, C'EST L'HEURE DU BAIN !
OÙ ES-TU ? SORS DE TA CACHETTE !
ALLEZ, GRIMMY... JE SAIS QUE TU TE CACHES ! VIENS PRENDRE TON BAIN !
ELLE NE ME CHERCHERA JAMAIS ICI !

LE MIEN A UN PEDIGREE... IL A DES PAPIERS, LE TIEN ?
SI ON VEUT.
LIBE
PARIS
FIGARO
MONDE

CATS
COMÉDIE MUSICALE
ENTRÉE
JE SAVAIS QUE JE N'AURAIS PAS DÛ T'AMENER.

IL FAIT FROID DEHORS... J' PEUX DORMIR À LA MAISON SUR TON LIT CE SOIR ?
BIEN SÛR.
Z
GRIMM

TU ME RESSERS UN PEU DE CE GÂTEAU CROQUANT ?
GÂTEAU CROQUANT !
GRIMMY... T' AS MANGÉ LA GAMELLE !

ALLEZ, GRIMMY... POUR UNE FOIS DANS TA VIE, PARTAGE TON DÎNER AVEC ATTILA... SOIS UN PEU CHARITABLE !
GRIMM
PLOP
'Y A QUE LES ÊTRES HUMAINS POUR ÊTRE HUMANITAIRES.

NETTOYANT POUR MOQUETTES !
NETTOYANT POUR MOQUETTES !
NETTOYANT POUR MOQUETTES !

ASSIS
COUCHÉ
ÉCOLE
DE
DRESSAGE
PUIS-JE ALLER
À LA BOUCHE
D' INCENDIE ?

ATTRAPE,
GRIMMY!
ATTRAPE,
ATTILA!
FAUT
DÉLÉGUER!

ZUT
GENOUX
OCCUPÉS

LE FACTEUR A
APPORTÉ
QUELQUE CHOSE
POUR TOI !?...
UN PROCÈS VERBAL...
À L'AVENIR, JE DOIS
ME TENIR À AU
MOINS 100 M. DE LUI

GRIMMY, TU PEUX JOUER AVEC MES CHAUSSURES... TU PEUX MÊME MANGER MES CHAUSSURES...
... TU PEUX LES CACHER DERRIÈRE LE CANAPÉ ...
... MAIS ATTENDS QUE JE LES ENLÈVE !
5-25

GRIMMY, Mme CARPE DIT QUE T'ÉTAIS ENCORE EN TRAIN DE CREUSER DANS SON JARDIN ...
QU'EST-CE QUI LUI FAIT CROIRE QUE C'EST MOI ?
6-6

C'EST LA DERNIÈRE FOIS QUE JE SORS AVEC UN BERGER ÉCOSSAIS !
4-29

JE FAIS FAIRE UN PEU D'EXERCICE AU POISSON ...
C'EST GENTIL, GRIMMY...
4/28
WHOOSH
GRIMMY !!

JE SUIS UNE ESPÈCE EN VOIE DE DISPARITION, MOI ?
BIEN SÛR QUE NON, GRIMMY.
NE PARLE PAS TROP VITE... T'AS PAS ENCORE VU CE QUE J'AI FAIT À TON TAPIS.
7-26

CE SERAIT BIEN SI TOUT ÉTAIT SIMPLE... SI TOUT ÉTAIT NOIR OU BLANC.
...J'SUIS UN CHIEN... POUR MOI, TOUT EST NOIR OU BLANC.
7-29

C'EST LE FACTEUR... T'AS DE LA PLACE DANS LE CONGÉLO?
7-30

PAR ICI, JE VOUS PRIE...
7-3

... N'Y PENSE MÊME PAS !!
QUI A PARLÉ DE PENSER ?

JE T'AVAIS PRÉVENU QU'ELLE CONDUISAIT TROP VITE !

CROIS-MOI, ATTILA... 'Y A TOUT UN AUTRE MONDE EN BAS !

À MON AVIS, IL BLUFFE !

GRIMMY!... REGARDE CE QUE T'AS ENCORE FAIT!
QU'EST-CE QUE ÇA TE PROCURE, DE FAIRE DES BÊTISES COMME ÇA ?
UN PLAISIR QUE TU NE POURRAS JAMAIS CONNAÎTRE
8-20

8-29
T'AS UN RENDEZ-VOUS CE SOIR ?

TA GAMELLE D'EAU NE SERAIT PAS VIDE, PAR HASARD ?
9-2

GLACES
HÉ, BASILE... ON A DE LA GLACE AUX ABATS ?
VANIL
9-3

TU VOIS... J'APPRENDS À PARTAGER?
9-5

GRIMMY, ÉLOIGNE-TOI DE LA TÉLÉ!
9-7

♫ WELL, HELLO, MRS. ROBINSON... ♫
JE DÉTESTE LES LUNDIS ...
© 1994 Grimmy Inc.
Distributed By Tribune Media Services
9-12
SIMON ET GARFIELD...

© 1994 Grimmy Inc.
Distributed By Tribune Media Services
JE VEUX MANGER!
D'ACCORD... MAIS QU'EST-CE QU'ON DIT?
9-13
MAINTENANT!

HÉ, SUMO... TU SERAIS MIEUX EN PORTE QU'EN FENÊTRE !
THUD
... À VRAI DIRE, IL EST MIEUX EN ROULEAU COMPRESSEUR QU'EN PORTE.
3-2

T'ES PEUT-ÊTRE COSTAUD, SUMO, MAIS LES CHIENS SONT CAPABLES DE TAS DE CHOSES QUE LES CHATS NE SAVENT PAS FAIRE
PAR EXEMPLE, ESSAIE DE BOIRE DANS LES TOILETTES...
GLUG GLUG
BONJOUR LES PROBLÈMES...
3-3

SALUT... VOUS UTILISEZ TOUJOURS LE BOYAU DE CHAT POUR LES RAQUETTES DE TENNIS ?
VENEZ AVEC UNE SEMI-REMORQUE !
3-4

GRIMMY, SUMO VEUT SE PROMENER...
3-26
VENEZ VOIR... VENEZ VOIR... LE CHAT LE PLUS LAID DU MONDE !

FAUT QU'ON TROUVE UN BAC À LITIÈRE SUFFISAMMENT GRAND POUR SUMO...
SUMO
'Y A PAS DE MATCH AU PARC DES PRINCES CE WEEK-END
© 1994 Grimmy Inc. Distributed By Tribune Media Services
9/20

IL PRÉFÈRE LES CROQUETTES OU LES BOÎTES, VOTRE CHIEN ?
9/22
© 1994 Grimmy Inc. Distributed By Tribune Media Services
LES **GRANDES** BOÎTES.

GRIMMY, TU NE VIENS JAMAIS QUAND JE T'APPELLE !
TU NE M'APPELLES JAMAIS SUR MA LIGNE PRIVÉE.
© 1994 Grimmy Inc. Distributed By Tribune Media Services
9/24

GRIMMY, T'ES CENSÉ ATTENDRE QUE JE LE **LANCE** !
9/27
© 1994 Grimmy Inc. Distributed By Tribune Media Services

ÇA ME FAIT PLAISIR QUE TU ACCEPTES DE VENIR PRENDRE UN VERRE.
© 1994 Grimmy Inc. Distributed By Tribune Media Services
9/29

C'EST MILLE FOIS MIEUX QU'UN RÉVEIL MATIN À LA GOMME, NON?
© 1994 Grimmy Inc. Distributed By Tribune Media Services
10/5

L'ART, C'EST PAS MON TRUC... MAIS AU MOINS JE SAIS CE QUE J'AIME!
© 1994 Grimmy Inc. Distributed By Tribune Media Services

© 1994 Grimmy Inc. Distributed By Tribune Media Services
POSTE
PLUS PRÈS... ENCORE PLUS PRÈS...
10/4

EN BAS, GRIMMY! ... EN BAS! EN BAS!
T'AURAS UN BEIGNET SI TU M'OBÉIS!
ÇA S'APPELLE SE PLIER EN DEUX POUR UN BEIGNET.
©1994 Grimmy Inc. Dist. by Tribune Media Services, Inc.
10-10

©1994 Grimmy Inc. Dist. by Tribune Media Services, Inc.
DOCTEUR, J'AI FINALEMENT RÉUSSI À FORCER GRIMMY À MANGER PLUS SAINEMENT.
À MON AVIS, IL VIENT DE TERMINER UN BOL ENTIER DE FRUITS
10-12

PAS VRAI... QUI A MIS MA CHAUSSURE DANS LE MICRO-ONDES?
10/14
©1994 Grimmy Inc. Dist. by Tribune Media Services, Inc.
AH...

©1994 Grimmy Inc. Dist. by Tribune Media Services, Inc.
JEUNE HOMME, IL N'Y A QU'UNE DEMIE PIZZA DANS LA BOÎTE...
PIZZA
10-15
DIS-DONC... ET QUELQU'UN A MANGE TOUS LES ANCHOIS!
PIZZA

CA ME MANQUE, NOS PETITES PROMENADES DANS LE PARC...
©1994 Grimmy Inc. Dist. by Tribune Media Services, Inc.

GRIMMY, L'ARBRE À CAMES DE MA VOITURE EST TOUT ROUILLÉ !
UN ARBRE EST UN ARBRE, NON ?
©1994 Grimmy Inc. Dist. by Tribune Media Services, Inc.
10/22

©1994 Grimmy Inc. Dist. by Tribune Media Services, Inc.
GRIMMY, REGARDE ...TU NE FAIS QUE DES BÊTISES DANS LA MAISON...
...ET MOI, JE NE FAIS QUE NETTOYER DERRIÈRE TOI !
ON FORME UNE BONNE ÉQUIPE, NON ?
10-26

ATTILA, SI TU CONTINUES À FAIRE DES GRIMACES HORRIBLES, TU VAS RESTER COMME ÇA !
MAIS... JE NE FAIS PAS DE GRIMACES !
HI ! HI ! EUH... DÉSOLÉ.
©1994 Grimmy Inc. Dist. by Tribune Media Services, Inc.
10/28

TU PEUX ME DONNER UNE CORDE, UN GRAND FILET, DU GOUDRON ET DES PLUMES ?
NON !
NON.
US MAIL
©1994 Grimmy Inc. Dist. by Tribune Media Services, Inc.
10/29

©1994 Grimmy Inc. Dist. by Tribune Media Services, Inc.
TU ES REPUE ... TU AS TROP MANGÉ ... TROP MANGÉ ... TROP MANGÉ POUR FINIR CE STEAK ... TRROOOP MANGÉ ...

DES PUCES ...
©1994 Grimmy Inc. Dist. by Tribune Media Services, Inc.
11/4
UN CADEAU INTERACTIF ...

US
LA POSTE
HORAIRE
13H15
17H30
DIS-DONC ... SI LA CHASSE AUX FACTEURS EST INTERDITE, POURQUOI ON NOUS DIT À QUELLE HEURE ILS VONT PASSER ?
11/5
©1994 Grimmy Inc. Dist. by Tribune Media Services, Inc.

©1994 Grimmy Inc.
Dist. by Tribune Media Services, Inc.
NE JAMAIS ESSAYER DE MORDRE UN PLOMBIER ...

GRIMMY... C'EST L'HEURE DU BAIN!
PENSES-TU... JE ME TIRE!
ZZZIPPPA
©1994 Grimmy Inc.
Dist. by Tribune Media Services, Inc.
ÇA, C'ÉTAIT PAS SYMPA DU TOUT.

J'AI JAMAIS CONNU MON PÈRE ...
©1994 Grimmy Inc.
Dist. by Tribune Media Services, Inc.
IL A ÉTÉ FRAPPÉ PAR UN CATALOGUE DE LA REDOUTE.

BLAGGH!
©1994 Grimmy Inc.
Dist. by Tribune Media Services, Inc.
J'ADORE QUAND LEURS YEUX SE DILATENT COMME ÇA.

11-15
VOOMP
©1994 Grimmy Inc.
Dist. by Tribune Media Services, Inc.
J'AIME MES COCKTAILS AVEC UN PETIT PARASOL PAR-DESSUS.

DING...
CHIEN ENRAGÉ !
...COMMENT S'AMUSER AVEC DE LA MOUSSE À RASER.
11-16
©1994 Grimmy Inc.
Dist. by Tribune Media Services, Inc.

CHATOUILLIS CHATOUILLAS !!
CHATOUILLIS CHATOUILLAS !! HI HI HI ! HA HA HA ! CHATOUILLIS CHATOUILLIS
HA... HA ! ARRÊTE ! ARRÊTE !...
5 F... 100 F... 2 F...
11-17
©1994 Grimmy Inc.
Dist. by Tribune Media Services, Inc.

BIZARRE... ENCORE UN FACTEUR QUI DONNE SA DÉMISSION...
11-18
QU'EST-CE QUI SE PASSE ?... C'EST LE QUATRIÈME EN UN MOIS ...
©1994 Grimmy Inc.
Dist. by Tribune Media Services, Inc.
NON... LE CINQUIÈME...
BRATAT TATATAT

ATTENTION CHIEN MÉCHANT
JE NE SUIS PAS VRAIMENT MÉCHANT ...
JUST UN POIL CYCLOTHYMIQUE ...
11-19
©1994 Grimmy Inc. Dist. by Tribune Media Services, Inc.

FAIS LE BEAU, FRITZ ...FAIS LE BEAU...
FAIRE LE BEAU POUR DE L'EAU!
©1994 Grimmy Inc. Dist. by Tribune Media Services, Inc.
SLRP SLRP SLRP SLRP SLRP
11/22

PATI PATI PATA PATA
FROTI FROTA FROTI FROTA
ET ALORS ?... SI TU ME GRATTES LE VENTRE, JE BOUGERAI MES JAMBES TRÈS, TRÈS VITE !
©1994 Grimmy Inc. Dist. by Tribune Media Services, Inc.

QU'EST-CE QUE C'EST SALE PAR TERRE... ON DIRAIT LE FOND D'UNE POOBELLE.
11/28
©1994 Grimmy Inc. Dist. by Tribune Media Services, Inc.
MERCI! MERCI!

LES SONS QUI NE SONT PERÇUS QUE PAR LES CHIENS ...
PAR EXEMPLE, QUAND VOUS MORDEZ DANS UN MARS ...
©1994 Grimmy Inc. Dist. by Tribune Media Services, Inc.

NE VOUS INQUIÉTEZ PAS, M'DAME... JE M'Y CONNAIS EN CHIENS ...
©1994 Grimmy Inc. Dist. by Tribune Media Services, Inc.
R.F.
FAUT TOUJOURS LAISSER UN CHIEN TE RENIFLER LA MAIN AVANT DE LE CARESSER ...
FAUT TOUJOURS LAISSER UN FACTEUR VOIR TES DENTS AVANT DE LE MORDRE.

LA POSTE
DIS-DONC, TOI... SORS DE TA CAMIONNETTE ET VIENS ME SERVIR MON DÉJEUNER...
©1994 Grimmy Inc. Dist. by Tribune Media Services, Inc.
J'AI TOUJOURS CRU QUE LES FONCTIONNAIRES ÉTAIENT LÀ POUR NOUS OBÉIR...

VOYONS VOIR... J'AI DU GAZ LACRYMOGÈNE ET DU POIVRE ...
LA POSTE
©1994 Grimmy Inc. Dist. by Tribune Media Services, Inc.
... ET JE SUIS FIN PRÊT POUR CET HORRIBLE PETIT CHIEN.
LA POSTE
VOYONS VOIR... J'AI UN MASQUE À GAZ ET UNE BOMBE D'OXYGÈNE...

JE SAIS QU'IL VA SURGIR POUR ME FAIRE PEUR DÈS QUE J'AURAI OUVERT CETTE BOÎTE AUX LETTRES ...
JE SAIS QU'IL VA ME FAIRE PEUR ... JE LE SAIS ... JE LE SAIS!
OUF!
C'ÉTAIT MON JOUR DE CHANCE.
POSTE
LA POSTE
12/6
©1994 Grimmy Inc.
Dist. by Tribune Media Services, Inc.

JE PENSE QUE LE FACTEUR VEUT UTILISER NOTRE TÉLÉPHONE PORTATIF...
OÙ EST-IL ?
SOS... SOS...SOS...
12/7
©1994 Grimmy Inc.
Dist. by Tribune Media Services, Inc.

MERCI D'AVOIR APPORTÉ LE COURRIER, MON PETIT GRIMMY ...
BIZARRE ... IL Y A UNE SORTE DE NOTE DE RANÇON LÀ-DEDANS ... TRÈS MAL ÉCRITE ...
QU'EST-CE QUE TU AS FAIT DU FACTEUR?
12/8
©1994 Grimmy Inc.
Dist. by Tribune Media Services, Inc.

ALORS, RALPH ... ELLE S'EST BIEN PASSÉE TA PREMIÈRE JOURNÉE?
LE ... L... LE ... CH ... CHIEN ... J... J... JAU... JAUNE ...
C'EST VRAI ... LES CHIENS, C'EST PAS TOUJOURS DRÔLE ... MAIS ON S'EN REMET.
ENLÈVE TA CASQUETTE ET PRENDS UN VERRE
12/9
©1994 Grimmy Inc.
Dist. by Tribune Media Services, Inc.

©1995 Grimmy Inc.
Dist. by Tribune Media Services, Inc.
QU'EST-CE QUE TU VEUX DIRE ...IL A ÉTÉ OBLIGÉ DE PARTIR À L'IMPROVISTE ?
1/18

ÉCOLE DE DRESSAGE
NON... JE N'ARRIVE PAS À CROIRE QUE TON MAÎTRE A MANGÉ TES DEVOIRS.
1/20
©1995 Grimmy Inc.
Dist. by Tribune Media Services, Inc.

©1995 Grimmy Inc.
Dist. by Tribune Media Services, Inc.
NON, CE N'EST PAS N'IMPORTE QUEL CHIHUAHA ...IL EST CÉLÈBRE...
...C'EST LUI QUI A DOUBLÉ TOUS LES FILMS DE LASSIE EN ESPAGNOL !
1/24

©1995 Grimmy Inc.
Dist. by Tribune Media Services, Inc.
1/28
FILE ...TU ES UN HORRIBLE PETIT CHIEN DÉGOÛTANT...
TU ES PLEIN DU PUCES ET TU PUESLA POUBELLE ...
JE NE SUIS PAS PETIT !

POST
JE VOUDRAIS ENVOYER UNE LETTRE AU RECEVEUR POUR ME PLAINDRE DES AUGMENTATIONS DE PRIX ET DE LA LENTEUR DU COURRIER...
SOYEZ SANS CRAINTE, MADAME... JE LUI FERAI PARVENIR VOTRE LETTRE PAR LE MOYEN LE PLUS RAPIDE ET LE MOINS CHER...
©1995 Grimmy Inc. Dist. by Tribune Media Services, Inc.
FAX
1/31

TU NE POURRAIS PAS FERMER TA BOUCHE QUAND TU MANGES ?
SCRONTCH
SCHLP
CRONTCH
GLOUP
2/3
©1995 Grimmy Inc. Dist. by Tribune Media Services, Inc.
TU NE POURRAIS PAS FERMER TA BOUCHE QUAND JE MANGE ?

LA VIE T'APPREND QUELQUE CHOSE TOUS LES JOURS...
©1995 Grimmy Inc. Dist. by Tribune Media Services, Inc.
2/11
...SI SEULEMENT J'AVAIS PRIS DES NOTES.

NUMÉRO 2... AVANCEZ, SIOUPLAîT...
60 cm
30 cm
©1995 Grimmy Inc. Dist. by Tribune Media Services, Inc.
2/14

FAUT JAMAIS MORDRE LA MAIN QUI TE NOURRIT...
GRIMMY
©1995 Grimmy Inc. Dist. by Tribune Media Services, Inc.
...MAIS UN PETIT COUP DE KARATÉ NE FAIT DE MAL À PERSONNE !
2/16

PAS DE BAIN !
©1995 Grimmy Inc. Dist. by Tribune Media Services, Inc.
2/21
MES PUCES FONT PARTIE DE MON ÉCOSYSTÈME PERSONNEL !

ALORS... C'EST SYMPA D'ÊTRE UN DALMATIEN ?
J'SUIS PAS DALMATIEN, MOI...
JE SUIS UN LABRADOR BLANC AVEC LA ROUGEOLE.
2/23
ALORS... C'EST SYMPA D'ÊTRE UN DALMATIEN ?
©1995 Grimmy Inc. Dist. by Tribune Media Services, Inc.

©1995 Grimmy Inc. Dist. by Tribune Media Services, Inc.
2/25
À MON AVIS, LE BAC À LITIÈRE D'ATTILA EST RADIOACTIF.

GRIMMY ... FAUT FAIRE QUELQUE CHOSE POUR TON HALEINE !!
LA POSTE
©1995 Grimmy Inc.
Dist. by Tribune Media Services, Inc. 2/28

3/2
RÉFLÉCHIS, GRIMMY, T'ES SÛR QUE T'AS PAS MANGÉ LES AI-MANTS DU FRIGO EN FORME DE CÔTES DE PORC ?
©1995 Grimmy Inc.
Dist. by Tribune Media Services, Inc.

SAUVE-TOI... UN CROQUEUR VIENT DE S'INS-TALLER DANS LA MAISON D'À CÔTÉ...
3/11
GRIMMY... TU VEUX DIRE UN COCKER...
©1995 Grimmy Inc.
Dist. by Tribune Media Services, Inc.
NON... JE VEUX DIRE UN CROQUEUR !

CETTE EAU DE COLOGNE EST CENSÉE ATTIRER LES FEMELLES COMME DES MOUCHES.
3/14
©1995 Grimmy Inc.
Dist. by Tribune Media Services, Inc.
OU C'EST PEUT-ÊTRE LES MOUCHES TOUT COURT !?

CHIEN MÉCHANT
BON ... J'SUIS PEUT-ÊTRE VILAIN...
3/16
©1995 Grimmy Inc. Dist. by Tribune Media Services, Inc.
MAIS ... JE NE SUIS PAS MÉCHANT

©1995 Grimmy Inc. Dist. by Tribune Media Services, Inc.
3/21
LA POSTE
POUR TOUT TE DIRE JE PRÉFÈRERAIS QU'IL ME POURCHASSE, QU'IL ABOIE OU QU'IL ME MORDE...

BON D'ACCORD... J'AI MANGÉ TA CHAUSSURE ... PAS LA PEINE DE T'ÉNERVER !
3/24
©1995 Grimmy Inc. Dist. by Tribune Media Services, Inc.
OÙ EST TON SENS DE L'HUMOUR ?

ÇA Y EST, M'DAME ...C'EST DÉBOUCHÉ
©1995 Grimmy Inc. Dist. by Tribune Media Services, Inc.
3/27

C'ÉTAIT UN PETIT CHEVAL BLANC... TOUS DERRIÈRE ...TOUS DERRIÈRE... C'ÉTAIT UN PETIT CHEVAL BLANC... TOUS DERRIÈRE, TOUS DERRIÈRE
POURQUOI CHANTE-T-ELLE TOUJOURS ÇA QUAND ELLE REMPLIT MA GAMELLE ?
GRIMM
©1995 Grimmy Inc.
Dist. by Tribune Media Services, Inc. 3/29

VÉRIFIONS SI J'AI TOUJOURS LA GRIPPE...
3/30
AARRRGGHH !!
©1995 Grimmy Inc.
Dist. by Tribune Media Services, Inc.
ÇA VA... MA TRUFFE EST FROIDE ET HUMIDE À NOUVEAU

IL PREND LA POURSUITE DES FACTEURS TRÈS AU SÉRIEUX.
©1995 Grimmy Inc.
Dist. by Tribune Media Services, Inc.
3/31
LA POSTE

©1995 Grimmy Inc.
Dist. by Tribune Media Services, Inc.
4/1
TU VOIS ? SELON LES CLAUSES STANDARD DE MON CONTRAT, JE PEUX REFUSER D'APPRENDRE DE NOUVEAUX TOURS...

ENFIN... LE DERNIER MORCEAU!
©1995 Grimmy Inc. Dist. by Tribune Media Services, Inc.
PUZZLE
À TES SOUHAITS.
4/5

GRIMMY, IL Y A UN TUNNEL ENTRE L'ANGLETERRE ET LA FRANCE...
©1995 Grimmy Inc. Dist. by Tribune Media Services, Inc.
4/7
DIS-DONC... CE CHIEN AVAIT VRAIMENT ENVIE DE PARTIR!

4/8
REGARDE GRIMMY... J'AI ACHETÉ UN NOUVEAU DÉODORANT... IL EST INODORE, SEC ET TRANSPARENT.
©1995 Grimmy Inc. Dist. by Tribune Media Services, Inc.
COMMENT SAIS-TU QUAND TU N'EN AS PLUS?

©1995 Grimmy Inc. Dist. by Tribune Media Services, Inc
BIEN, FRITZ... MONTRE À GRIMMY COMMENT ON FAIT LE BEAU. BRAVE BÊTE!
4/11
BIEN... ASSIS! BRAVE BÊTE.
FAIS LE MORT! BRAVE BÊTE.
DIS-MOI... C'EST UNE SORTE DE CULTE RELIGIEUX, OU QUOI?

CRRK
CRRK
©1995 Grimmy Inc.
Dist. by Tribune Media Services, Inc.
CRRK
CRRK
CRRK
FRITZ... TU AS DÛ AVOIR UNE ENFANCE MALHEUREUSE, NON ?
4/12

ALORS, FRITZ... ON ME DIT QUE TU ES LE CHIEN LE MIEUX DRESSÉ AU MONDE
4/13
©1995 Grimmy Inc.
Dist. by Tribune Media Services, Inc.
VITE... ATTRAPE L'OS !
DRESSÉ ET MALIN C'EST PAS LA MÊME CHOSE.

FRITZ, DÉTENDS-TOI ET ARRÊTE DE FAIRE TOUT CE QU'ON TE DIT DE FAIRE, D'ACCORD ?...
ET MAINTENANT ATTRAPE LE BOUT DE BOIS...
4/14
©1995 Grimmy Inc.
Dist. by Tribune Media Services, Inc.
ARRÊTE ÇA !

BONJOUR, MON PETIT GWIMMY-WIMMY... GWIMMY-WIMMY A BIEN DORMI
©1995 Grimmy Inc.
Dist. by Tribune Media Services, Inc.
EST-CE QUE LE PETIT GWIMMY-WIMMY EST ASSEZ REPOSÉ ?
4/17
MAMAN AIME SON PETIT GWIMMY-WIMMY.
BONJOUR L'ENFER.

JE NE PEUX PAS JOUER AVEC TOI TOUT DE SUITE, GRIMMY... JE SUIS OCCUPÉE.
QUE FAIS-TU AVEC CE BOOMERANG ?
JE VAIS JOUER TOUT SEUL À "ATTRAPE LE BOUT DE BOIS".
©1995 Grimmy Inc.
Dist. by Tribune Media Services, Inc.
4/19

J'AI LE DOS QUI ME DÉMANGE... C'EST HORRIBLE !
JE PENSE QUE J'AI TROUVÉ L'ORIGINE DU "BREAK DANCING" !
©1995 Grimmy Inc.
Dist. by Tribune Media Services, Inc.
4/20

QU'EST-CE QUE TU AS, GRIMMY ? ON DIRAIT UN CHAT QUI A MANGÉ UN CANARI...
©1995 Grimmy Inc.
Dist. by Tribune Media Services, Inc.
OÙ EST LE CHAT ? OÙ EST LE CANARI ?
4/22

GRIMMY, IL PARAÎT QUE C'EST TRÈS MAL VU DE TRUFFER SA CONVERSATION AVEC DES NOMS DE PERSONNES CONNUES.
EXACTEMENT CE QUE JE DISAIS À SNOOPY PENDANT LE DÉJEUNER.
©1995 Grimmy Inc.
Dist. by Tribune Media Services, Inc.
4/25

©1995 Grimmy Inc.
Dist. by Tribune Media Services, Inc.
YOUPI... C'EST L'HEURE DU COOKIE !
OUAF !
KEEYAH !
DEPUIS QUAND LES ECLAIREUSES ONT-ELLES COMMENCÉ À FAIRE DU TAE KWON DO ?
4/26

TABLEAUX DE MAÎTRE
©1995 Grimmy Inc.
Dist. by Tribune Media Services, Inc.
4/27
TU PARLES D'UN MAÎTRE... PAS UNE SEULE PEINTURE DE SON CHIEN !

MON NOM, C'EST CHARLES-HENRI DE BLOEMFONTEIN...
4/28
©1995 Grimmy Inc.
Dist. by Tribune Media Services, Inc.
MAIS TOUT LE MONDE M'APPELLE "DESCENDS DE LÀ !"

PAS MAL... MAIS EST-CE QUE TU PEUX TE GRATTER DERRIÈRE L'OREILLE TRÈS VITE AVEC TON PIED ?
©1995 Grimmy Inc.
Dist. by Tribune Media Services, Inc. 4/29

GRIMMY!
PAPIER
PLASTIQUE
CHATZ
©1995 Grimmy Inc. Dist. by Tribune Media Services, Inc.
5/15

FRITZ, IL Y A QUELQUES CHOSE QUI NE VA PAS... CE N'EST PAS NORMAL! ON T'AS LAVÉ LE CERVEAU!
TU AS BESOIN D'AIDE... FAUT QUE TU VOIS UN MÉDECIN...
5/22
T'AS BESOIN D'UN TRAITEMENT... T'AS BESOIN D'UN...
...AGENT!
©1995 Grimmy Inc. Dist. by Tribune Media Services, Inc.

Mme L'OIE, VOTRE CHIEN GRIMMY VIENT D'ENLEVER NOTRE MEILLEUR ÉTUDIANT!
C'EST LA PREMIÈRE FOIS QUE LE PAUVRE PETIT FRITZ QUITTE L'ÉCOLE DE DRESSAGE!
ILS SONT DEHORS QUELQUE PART, EN TRAIN DE COURIR LES RUES!
©1995 Grimmy Inc. Dist. by Tribune Media Services, Inc.
FALLAIT VRAIMENT QUE TU APPORTES L'UNICYCLE?
SCRT SCRT SCRT
5/23

FRITZ, ÇA FAIT TROP LONGTEMPS QUE TU FRÉQUENTES CETTE ÉCOLE DE DRESSAGE... JE VAIS T'APPRENDRE À ÊTRE UN CHIEN NORMAL!
5/24
BON, ALLEZ... TU VAS ESSAYER D'ATTRAPEZR UNE VOITURE.
TAXI
QUELLE HUMILIATION.
©1995 Grimmy Inc. Dist. by Tribune Media Services, Inc.

TU VOIS, FRITZ... UN CHIEN DOIT APPRENDRE À MARQUER SON TERRITOIRE EN LAISSANT DES PETITS MESSAGES SUR TOUT CE QUI L'ENTOURE.
SQUEAK SQUEAK
NON!
©1995 Grimmy Inc. Dist. by Tribune Media Services, Inc.
5/25
... PAS AVEC DES POST-IT!
ZONE

FRITZ, TU N'ES PLUS À L'ÉCOLE DE DRESSAGE... ICI, C'EST LA VRAIE VIE!
5/26
TU NE POURRAS JAMAIS SURVIVRE DANS LA GRANDE VILLE EN FAISANT DES PETITS TOURS STU...
REGARDE!... UN CHIEN JONGLEUR!
FAUDRAIT QU'IL PASSE SUR "TOUT EST POSSIBLE"
VOILÀ 100 F
©1995 Grimmy Inc. Dist. by Tribune Media Services, Inc.
... PIDES.

BON, FRITZ... LA PREMIÈRE CHOSE À APPRENDRE QUAND ON VIT DANS LA RUE, C'EST COMMENT OUVRIR UNE POUBELLE...
5/27
COMME TU PEUX LE CONSTATER, CELLE-CI EST EN MÉTAL, AVEC UN COUVERCLE.
©1995 Grimmy Inc. Dist. by Tribune Media Services, Inc.
BIEN... IL Y A DEUX FAÇONS POUR UN CHIEN D'OUVRIR UNE POUBELLE...
BON, D'ACCORD... IL Y A TROIS FAÇONS...
ACETYLENE

DES CHAUSSONS-LAPINS!?
©1995 Grimmy Inc. Dist. by Tribune Media Services, Inc.
PAS ÉTONNANTS QU'ILS AIENT ÉTÉ SI FACILES À ATTRAPER.
5/29

RIEN NE ME PLAÎT PLUS QUE DE POURCHASSER UN CHAT DANS UN ARBRE...
©1995 Grimmy Inc. Dist. by Tribune Media Services, Inc.
5/31
... SI CE N'EST DE LE POURCHASSER DANS UN CACTUS !
OUCH OUCH OUCH

TU PEUX LE FAIRE, ATTILA ... FORCE UN PEU... VAS-Y, VAS-Y...
©1995 Grimmy Inc. Dist. by Tribune Media Services, Inc.
6/1
OUPS !
DÉSOLÉ, C'EST LA BOÎTE AUX LETTRES... JE PENSE QUE LA CHATIÈRE EST PLUS BAS...

NE RATE PAS TON COUP CETTE FOIS-CI... SOIS COOL... DIS QUELQUE CHOSE D'INTELLIGENT...
6/2
OUARF !
©1995 Grimmy Inc. Dist. by Tribune Media Services, Inc.
POURQUOI JE DIS TOUJOURS ÇA ?

6/3
GRIMMY, ON EST EN PANNE DE PÂTÉE POUR CHIENS... JE VAIS TE DONNER UN PEU DU THON D'ATTILA !
©1995 Grimmy Inc. Dist. by Tribune Media Services, Inc.
MMM... MIAM, MIAM...
GRIM

PETIT CHIEN DÉGOÛTANT ! ENLÉVE-TOI DE MA PELOUSE... VA-T-EN... TIRE-TOI DE LÀ !...
TU M'AS ENTENDU ? FICHE LE CAMP !...
6/5
©1995 Grimmy Inc. Dist. by Tribune Media Services, Inc.
FICHE LE CAMP, JACK...
ALLÔ, LA FOURRIÈRE ?!
ET NE REVIENS PLUS JAMAIS, JAMAIS, JAMAIS...

Mme L'OIE, VOTRE CHIEN RÉPUGNANT EST EN TRAIN DE FAIRE DES TROUS DANS MON JARDIN !
©1995 Grimmy Inc. Dist. by Tribune Media Services, Inc.
6/6
DÉSOLÉE, Melle CARPE, J'ARRIVE ! MAIS N'OUBLIEZ PAS, ÇA FAIT PARTIE DE LA NATURE DU CHIEN, DE CREUSER...
SORTEZ-MOI CE CHIEN DE LÀ !

REGARDEZ CE QUE VOTRE CHIEN RÉPUGNANT A FAIT DANS MON JARDIN. IL A PISSÉ SUR TOUTES MES PLANTES !
6/7
IL A PISSÉ SUR MES TOMATES... IL A PISSÉ SUR MES CHOUX... IL A PISSÉ SUR TOUT !
©1995 Grimmy Inc. Dist. by Tribune Media Services, Inc.
SORTEZ-MOI CE CHIEN DE LÀ !
SORTEZ-MOI CETTE MÉGÈRE DE MA SALLE DE BAINS !

AAAH !... DES PIMENTS !... À BOIRE !...
CHOUX
HARICOTS
©1995 Grimmy Inc. Dist. by Tribune Media Services, Inc.
GLOU GLOU GLOU GLOU GLOU
POIS
Mme L'OIE, VOTRE STUPIDE CHIEN EST ENTRÉ DANS MON JARDIN... IL A BU DEUX LITRES D'ENGRAIS LIQUIDE.
COMMENT VA-T-IL ? DE QUOI A-T-IL L'AIR ?
ENGRAIS
6/8
BEN... EN CE MOMENT, IL RESSEMBLE À UNE PELOUSE AMBULANTE.
AAUGH...

IL A BU UNE BOUTEILLE D'ENGRAIS LIQUIDE.
6/9
©1995 Grimmy Inc. Dist. by Tribune Media Services, Inc.
QU'EN PENSEZ-VOUS DOCTEUR ? IL VA VIVRE ?
OUI, MAIS IL VA FALLOIR L'ARROSER DEUX FOIS PAR JOUR...
HÉ !

C'EST PAS VRAI... J'AI BU UNE BOUTEILLE D'ENGRAIS LIQUIDE...
6/10
...ET MAINTENANT JE SUIS COUVERT DE VERDURE.
©1995 Grimmy Inc. Dist. by Tribune Media Services, Inc.
QUOI DE PLUS HUMILIANT ?
DING DONG...
C'EST POUR DÉSHERBER LE CHIEN.
JE VEUX MOURIR.

©1995 Grimmy Inc. Dist. by Tribune Media Services, Inc.
C'EST LA PREMIÈRE FOIS QUE JE VOIS UN CHIEN AVEC UN LIVRE... QU'EST-CE QU'IL LIT ?
"PEEP CHIOT"
WOW !
6/15

©1995 Grimmy Inc. Dist. by Tribune Media Services, Inc.
VILAIN CHIEN
"NE JUGE POINT ET TU NE SERAS POINT JUGÉ" !!
6/17

GRIMMY, CETTE NOUVELLE LAISSE RÉTRACTABLE M'INQUIÈTE...
©1995 Grimmy Inc. Dist. by Tribune Media Services, Inc.
THUD
JE TROUVE QU'ELLE EST UN PEU TROP SERRÉE.
6/19

ÇA FAIT COMBIEN DE TEMPS QUE GRIMMY EST PROPRE ?
QUELLE HEURE EST-IL ?
©1995 Grimmy Inc. Dist. by Tribune Media Services, Inc.
6/21

J'AI ESSAYÉ DES SIFFLETS, DES SONNETTES, DES SIRÈNES...
©1995 Grimmy Inc. Dist. by Tribune Media Services, Inc.
AVEZ-VOUS QUELQUE CHOSE QUI FAIT VENIR UN CHIEN EN COURANT QUAND VOUS L'UTILISEZ ?
... UN OUVRE-BOÎTES ÉLECTRIQUE.
6/23

DIS-MOI... GRIMMY EST D'UNE RACE LABORIEUSE ?
6/26
OUI... MAIS IL EST AU CHÔMAGE EN CE MOMENT.
CLIC
©1995 Grimmy Inc. Dist. by Tribune Media Services, Inc.

MES DOC MARTENS! TU AS MANGÉ UNE DE MES DOC MARTENS!
6/27
©1995 Grimmy Inc. Dist. by Tribune Media Services, Inc.
JE CROYAIS QUE C'ÉTAIT UN RÔTI FICELÉ.

CHOCOLATS
©1995 Grimmy Inc. Dist. by Tribune Media Services, Inc.
ÇA AIDERAIT SI JE TE DISAIS QUE J'AI VU "FORREST GUMP" SIX FOIS ?
CHOCOLATS
6/28

©1995 Grimmy Inc. Dist. by Tribune Media Services, Inc.
DÉSOLÉ, SUMO... J'ÉTAIS LÀ LE PREMIER, ET IL EST IMPOSSIBLE QUE DEUX OBJETS OCCU-PENT LE MÊME ESPACE EN MÊME TEMPS... HA! HA!
7/1
BROUM...
MANIFESTEMENT, SUMO N'A JA-MAIS ENTENDU PARLER D'ISAAC NEWTON.

GRIMMY, T'ÉTAIS EN-CORE EN TRAIN DE BOI-RE DANS LES TOILETTES ?
6/29
MOI !?... NON, NON... VRAIMENT, JE NE BUVAIS PAS DANS LES TOILETTES ! HEU... QU'EST-CE QUI TE FAIT PENSER QUE...
©1995 Grimmy Inc. Dist. by Tribune Media Services, Inc.
J'OUBLIE TOUJOURS DE BAISSER LA LUNETTE...

GRIMMY... SAIS-TU QUI A DIT " LA VIE EST COURTE... FAUT MANGER LE DESSERT EN PREMIER " ?
CROSS WORDS
7/7
©1995 Grimmy Inc. Dist. by Tribune Media Services, Inc.
DEMIS ROUSSOS

©1995 Grimmy Inc. Dist. by Tribune Media Services, Inc.
GRIMMY, VOICI UN BEIGNET... QU'EST-CE QU'ON DIT ?
JE T'EN PRIE... OH, JE T'EN PRIE... DONNE-LE-MOI ...S'IL TE PLAÎT ?...
QU'EST-CE QUE JE NE FERAIS PAS POUR UN BEIGNET !
7/10

GRIMMY, QU'EST-CE QU'IL Y A ?
J'AI MAL AU CRÂNE.
©1995 Grimmy Inc. Dist. by Tribune Media Services, Inc.
ALORS POURQUOI TU REMUES TA QUEUE ?
LE MAL N'EST PAS ENCORE ARRIVÉ LÀ !
7/11

ASSIS, GRIMMY ! ASSIS... ASSIS...
©1995 Grimmy Inc. Dist. by Tribune Media Services, Inc.
7/12
NON MERCI... J'AI ÉTÉ ASSIS TOUTE LA JOURNÉE. JE PRÉFÈRE RESTER DEBOUT.
EST-CE QUE LES PROFS SONT NÉS SANS LE SENS DE L'HUMOUR ?

GRIMMY, TU N'AURAS PAS DE DESSERT SI TU NE VIDES PAS TON ASSIETTE.
RIMM
DIS-DONC... ELLE POUSSE CETTE HISTOIRE DE DRESSAGE UN PEU LOIN !
GRIM
7/14
©1995 Grimmy Inc.
Dist. by Tribune Media Services, Inc.

COMME TU PEUX LE CONSTATER, IL ABOIE PLUS FORT QU'IL NE MORD.
7/15
©1995 Grimmy Inc.
Dist. by Tribune Media Services, Inc.

BONJOUR... JE T'AI APPORTÉ TON PETIT DÉJ AU LIT.
7/17
©1995 Grimmy Inc.
Dist. by Tribune Media Services, Inc.
AUGGHHH
'Y A DES GENS QUI N'AIMENT PAS QU'ON LES GÂTE !

QU'EST-CE QUE C'EST CE PETIT MACHIN DERRIÈRE MA GORGE ?
7/19
ÇA S'APPELLE UNE LUETTE.
©1995 Grimmy Inc.
Dist. by Tribune Media Services, Inc.
HÉ... SORS DE LÀ, LUETTE !

GRIMMY, TU AIMES LES CHAUSSURES ITALIENNES ?
... SAUPOUDRÉES D'UN PEU DE PARMESAN.
7/27
©1995 Grimmy Inc. Dist. by Tribune Media Services, Inc.

NON... JE N'INSTALLERAI PAS UNE CHATIÈRE SUR LE FRIGO.
7/25
©1995 Grimmy Inc. Dist. by Tribune Media Services, Inc.

RF
POSTE
AHA... NOUS SOMMES DÉCIDÉMENT FAITS POUR NOUS RENCONTRER.
7/22
©1995 Grimmy Inc. Dist. by Tribune Media Services, Inc.

HÉ !... T'ES EN TRAIN DE MANGER MON DÎNER !
ATTILA
COMMENT VEUX-TU QUE CE SOIT TON DÎNER ? AU JAPON C'EST LE MATIN.
AH, BON.
ATTILA
LA FORCE DE LA CHAÎNE ALIMENTAIRE SE MESURE À SON CHAÎNON LE PLUS FAIBLE.
7/21
©1995 Grimmy Inc. Dist. by Tribune Media Services, Inc.

GRIMMY, TU AS RETROUVÉ LE SAUCISSON À L'AÏL, NON ?
©1995 Grimmy Inc. Dist. by Tribune Media Services, Inc. 7/28

CHAT ÉCHAUDÉ ET TOUT ÇA, HEU ?
©1995 Grimmy Inc. Dist. by Tribune Media Services, Inc.
7/29

ATTILA... TU NE DORMIRAS PAS SUR MA TÊTE... N'Y PENSE MÊME PAS !
DAVY... DAVY CROCKETT
©1995 Grimmy Inc. Dist. by Tribune Media Services, Inc.
8/3

CHAUD ! J'AI CHAUD !
8/8
©1995 Grimmy Inc. Dist. by Tribune Media Services, Inc.
VOICI UNE CRUCHE DE JUS DE CITRON FRAIS... ÇA TE FERA DU BIEN.
AAAAH... ELLE AVAIT RAISON.

Vegane Weihnachtsbäckerei

Caroline Loße

Vegane WEIHNACHTS BÄCKEREI

50 himmlische Rezepte
für die schönste Zeit des Jahres

CHRISTIAN

Inhalt

Sonstige Kleinigkeiten 104

Guss und Glasur 146

Vorwort

IN DER WEIHNACHTSBÄCKEREI GIBT ES SO MANCHE LECKEREI!
Wenn es um veganes Backen geht, höre ich oft die gleichen Zweifel: Ob die bekannten Rezepte ohne tierische Produkte auskommen können, wie das Backen ohne Eier funktioniert und, natürlich, wie das denn überhaupt schmeckt. Butter und vor allem auch Eier, so die Meinung, sind doch beim Backen unentbehrlich.

In den letzten Jahren sind aber gerade für diese beiden Zutaten die pflanzlichen Alternativen so gut ausgereift, dass man sie problemlos durch pflanzliche Varianten ersetzen kann – falls man sie überhaupt benötigt. Denn Backen funktioniert auch hervorragend ohne tierische Zutaten und kann sogar einfacher sein und mindestens genauso gut schmecken. Dem Endergebnis tut dies überhaupt keinen Abbruch. Im Gegenteil – du wirst jede Menge vegane Plätzchen verteilen können, ohne dass jemand merkt, dass sie ohne tierische Zutaten gebacken wurden.

VON DEN PLÄTZCHEN, DIE WIR LIEBEN ...
Oft werden mit veganem Gebäck auch besonders gesunde Rezepte assoziiert. Ganz klar, gesunde und leckere Gerichte schließen sich keinesfalls aus. Dieses Buch soll den Fokus allerdings nicht vorrangig auf (vegane) Leckereien legen, die etwa nur mit Datteln gesüßt sind und ohne Weizenmehl auskommen. Stattdessen geht es mir um die »gute alte« klassische Weihnachtsbäckerei. Um Plätzchen, wegen deren Duft man sich das ganze Jahr über auf die Weihnachtszeit freut und von denen jegliche Vorräte, selbst die geheimen, immer viel zu schnell aufgebraucht sind. Um Tortenstücke, die einfach zum Kaffee am Nachmittag dazugehören, um süße und knusprige Knabbereien, die man genießen kann, egal, was die Hüften dazu sagen, und die eben deswegen auch mit Zucker, Mehl und veganer Butter zubereitet werden dürfen. Es geht um Weihnachten!

Das heißt natürlich nicht, dass es für Zucker, Mehl und Co. keine gesunden Alternativen gibt, die den Originalen aus den klassischen Rezepten in Sachen Geschmack in nichts nachstehen. In den meisten Rezepten kann man beispielsweise Zucker durch Xylit, Agavendicksaft oder Dattelsirup ersetzen; ebenso wie eine glutenfreie Mais-Reis-Mehl-Mischung eine Alternative zum herkömmlichen Weizenmehl darstellt. Deswegen finden sich in diesem Buch auch einige Rezepte wie beispielsweise die Mandelplätzchen oder die glasierten Mandeln, die zur Inspiration ohne Zucker und Mehl beschrieben sind.

In diesem Buch findest du also zum einen zahlreiche Klassiker wie Zimtsterne, Lebkuchen und Vanillekipferl und zum anderen besondere Rezepte und Varianten, von Erdbeer-Zimt-Stäbchen, Glühweinplätzchen bis hin zur Lebkuchenburg. Im Kapitel über Kuchen und Torten erwarten dich fabelhafte Kreationen wie ein weihnachtlicher Schokokuchen mit Glühweinguss – ein echtes Highlight – und ein weihnachtlicher Spekulatius-Cheesecake mit Himbeeren. Anschließend findest du Rezepte über verschiedene Kleinigkeiten und Desserts wie Mandelsplitter, Cakepops und die einzigartige Kekssalami (natürlich ohne Fleisch). Und am Ende erwartet dich schließlich eine Übersicht zu Güssen und Glasuren, welche du nach Belieben mit den Rezepten kombinieren und ausprobieren kannst.

Ich wünsche dir viel Spaß beim Entdecken, Losbacken und Verkosten – und eine schöne Weihnachtszeit, wann auch immer im Jahr sie stattfindet!

Caroline

Einleitung

UND DANN KOMMT DAS EI – VORBEI!
Im Folgenden stelle ich dir einige pflanzliche Alternativen für tierische Backzutaten vor:

Eier
Eier werden beim Backen gerne wegen ihrer Bindefähigkeit verwendet. Der Teig wird luftiger und lockerer. In der Weihnachtsbäckerei spielt vor allem das Eiweiß in seiner steifgeschlagenen Form eine große Rolle. Dieses wird beispielsweise für klassische weiße Glasuren oder Kokosmakronen verwendet. Als pflanzliche Alternative eignet sich am besten Aquafaba. Dabei handelt es sich um die Flüssigkeit, in der Kichererbsen und andere Hülsenfrüchte in der Dose oder im Glas schwimmen – sprich um eiweißhaltiges Wasser. Dieses lässt sich genauso unkompliziert wie echtes Eiweiß aufschlagen und anschließend weiterverwenden.

Der dezente Geschmack der Hülsenfrüchte kommt nur bei direktem Verzehr zum Ausdruck. Im späteren Gericht, also im verarbeiteten Zustand, ist kein geschmacklicher Nachteil mehr festzustellen. Aquafaba eignet sich also meiner Meinung nach geschmacklich und hinsichtlich seiner Backeigenschaften besonders gut als Eiweißersatz. Als Bindemittel für Teige eignen sich als Alternative zu Eiern vor allem Apfelmus, Apfelessig oder auch reife Bananen.

Butter
Butter ist für den typischen Geschmack von Plätzchen und Gebäck verantwortlich – nicht nur, aber eben auch in der Weihnachtszeit. Gerade für Butter wurden aber in den letzten Jahren zahlreiche pflanzliche Alternativen auf den Markt gebracht. Wichtig ist es hier, den Unterschied zwischen Margarine und veganer Butter zu beachten. Margarine ist zwar auch oft pflanzlicher Natur, besitzt jedoch eine andere Konsistenz als vegane Butter und – noch wichtiger – hat einen meist sehr charakteristischen Geschmack. Für die vegane Weihnachtsbäckerei eignen sich vegane Butteralternativen auf Raps-, Sonnenblumen- oder auch Kokosölbasis, welche der echten Butter in ihrer Konsistenz als fester Block am Stück und ihrem Geschmack oft täuschend ähnlich sind und sich so beim Backen für mich bewährt haben.

Milchprodukte

Produkte aus Milch wie Joghurt, Quark und Frischkäse gehören zum perfekten Cheesecake einfach dazu. Diese unumstößliche Wahrheit schließt jedoch nicht mit ein, dass dazu tierische Milch verwendet werden muss. Ein veganer Cheesecake mit veganem Frischkäse auf Mandelbasis steht seinem »tierischen« Pendant in absolut nichts nach. Alternativen für Milchprodukte gibt es viele (und es werden immer mehr): Hier reicht die Basis von Soja, Kokos und Lupine bis hin zu verschiedenen Nüssen. Als Alternative zum Backen eignen sich Produkte auf Mandelbasis oft am besten, um ein neutrales Geschmackserlebnis zu erzeugen. Auch wenn diese oft etwas teurer sind, ist ihr Geschmack weniger stark und charakteristisch, als es beispielsweise bei Sojaprodukten der Fall ist.

Gelatine

Gelatine wird unter anderem aus Tierknochen hergestellt. Darauf kann man beim Backen verzichten, indem man stattdessen Agar Agar verwendet. Agar Agar sind Kohlenhydrate, die aus den Zellwänden von Algen gewonnen werden und gelierfähig sind. Damit können ganz einfach Torten verfestigt und wunderbare Fruchtspiegel kreiert werden.

Honig

Auch wenn man vielleicht annehmen könnte, dass Honig ein komplett pflanzliches Produkt ist, so handelt es sich um eine nicht vegane Zutat. Eine hervorragende Alternative stellt pflanzlicher Honig auf Basis von Zuckersirup dar. Dieser kann beispielsweise aus Rohrohrzucker hergestellt sein und mit Löwenzahn oder Tonkabohnen natürlich aromatisiert werden. Die Konsistenz ist dabei ähnlich zähflüssig wie bei Bienenhonig, sodass er sich beim Backen hervorragend als Alternative verwenden lässt.

Plätzchen-Klassiker

Butterplätzchen

Für 2 Bleche, ca. 30 Stück

Für den Teig
120 g vegane zimmerwarme Butter
190 g Weizenmehl Type 550 zzgl. etwas mehr für die Arbeitsfläche
100 g Puderzucker
8 g Vanillezucker

Für den Guss
200 g Puderzucker
1 EL Himbeerpulver
1 Zitrone
vegane Zuckeraugen
vegane Streusel nach Belieben

Den Backofen auf 180 °C Ober-/Unterhitze vorheizen und zwei Backbleche mit Backpapier auslegen.

Für den Teig die Butter, das Mehl, den Puderzucker und den Vanillezucker in eine große Schüssel geben und mit den Händen zu einem glatten Teig verkneten. Die Arbeitsfläche und eine Teigrolle mit etwas Mehl bestauben. Den Teig etwa 3 mm dick ausrollen, mit verschiedenen Ausstechformen Plätzchen ausstechen und diese auf die vorbereiteten Backbleche legen.

Die Plätzchen auf der mittleren Schiene im vorgeheizten Backofen maximal 8 Minuten backen. Sobald sie eine leicht bräunliche Farbe am Rand bekommen, die Plätzchen aus dem Backofen nehmen und auf einem Kuchengitter abkühlen lassen.

Für den Guss den Puderzucker mit dem Himbeerpulver in eine kleine Schüssel sieben. Die Zitrone halbieren und den Saft in eine separate Schüssel auspressen. Die Puderzuckermischung mit einigen Tropfen Zitronensaft zu einem dickflüssigen Guss verrühren.

Die Plätzchen mit dem Guss bestreichen, mit den Zuckeraugen und den Streuseln dekorieren, trocknen lassen und die Plätzchen in luftdicht verschließbaren Dosen lagern.

Engelsaugen

Für 1 Blech, ca. 16 Stück

140 g Weizenmehl Type 550
40 g Puderzucker
8 g Vanillezucker
90 g vegane zimmerwarme Butter
ca. 30 g Heidelbeerkonfitüre

Den Backofen auf 180 °C Ober-/Unterhitze vorheizen und ein Backblech mit Backpapier auslegen.

Das Mehl, den Puderzucker und den Vanillezucker in eine große Schüssel geben. Die Butter in grobe Stücke schneiden, dazugeben und mit den Händen oder den Knethaken des Handrührgeräts zu einem glatten Teig verkneten.

Aus dem Teig 16 kleine Kugeln formen, auf das vorbereitete Backblech legen und mit dem Finger jeweils eine kleine Mulde in den Teig drücken. Die Konfitüre mithilfe eines kleinen Löffels in die Mulden füllen und die Plätzchen auf der mittleren Schiene im vorgeheizten Backofen etwa 10 Minuten backen, bis sie goldbraun sind.

Die Plätzchen auf einem Kuchengitter abkühlen lassen und in luftdicht verschließbaren Dosen lagern.

Spitzbuben

Für 2 Bleche, ca. 20 Stück

- 200 g Weizenmehl Type 550 zzgl. etwas mehr für die Arbeitsfläche
- 100 g + 2 EL Puderzucker
- 80 g gemahlene Mandelkerne
- 1 Prise Salz
- 8 g Vanillezucker
- 150 g vegane zimmerwarme Butter
- 20 TL (etwa 100 g) Erdbeerkonfitüre

Den Backofen auf 180 °C Ober-/Unterhitze vorheizen und zwei Backbleche mit Backpapier auslegen.

Das Mehl und 100 g Puderzucker in eine große Schüssel sieben. Die gemahlenen Mandeln, Salz und den Vanillezucker hinzugeben. Die Butter mit einem Messer in grobe Stücke schneiden, dazugeben und mit den Händen oder den Knethaken des Handrührgeräts zu einem glatten Teig verkneten.

Den Teig auf einer bemehlten Arbeitsfläche dünn ausrollen. Er sollte nicht zu dick sein, damit die ausgestochene Form in der Mitte nach dem Backen sichtbar bleibt. Aus dem Teig Taler ausstechen, dabei für die Hälfte der Taler eine Ausstechform mit Motiv in der Mitte wählen. Alternativ eine kleine zusätzliche Form für die Mitte verwenden.

Die Plätzchen auf die vorbereiteten Backbleche legen, auf der mittleren Schiene im vorgeheizten Backofen etwa 10 Minuten backen, bis sie goldbraun sind, und auf einem Kuchengitter abkühlen lassen.

Die Plätzchen ohne Motiv mit der Konfitüre bestreichen und jeweils ein Plätzchen mit Motiv darauflegen und andrücken. Die fertigen Plätzchen durch ein Sieb mit 2 EL Puderzucker bestauben und in luftdicht verschließbaren Dosen lagern.

Vanillekipferl

Für 2 Bleche, ca. 60 Stück

Für den Teig
200 g Weizenmehl Type 550 zzgl. etwas mehr für die Arbeitsfläche
100 g gemahlene Mandelkerne
50 g Puderzucker
8 g Vanillezucker
180 g vegane zimmerwarme Butter

Außerdem
100 g Puderzucker
8 g Vanillezucker

Für den Teig das Mehl in eine große Schüssel sieben. Die gemahlenen Mandeln, den Puderzucker und den Vanillezucker hinzugeben. Die Butter mit einem Messer in grobe Stücke schneiden, in die Schüssel geben, mit den Knethaken des Handrührgeräts zu einem glatten Teig verkneten und etwa 30 Minuten kalt stellen.

Den Backofen auf 180 °C Ober-/Unterhitze vorheizen und zwei Backbleche mit Backpapier auslegen.

Den Teig auf einer bemehlten Arbeitsfläche zu einer langen Rolle mit einem Durchmesser von etwa 3 cm ausrollen. Von der Rolle etwa 1 cm breite Scheiben abschneiden, diese zu kleinen Hörnchen formen und mit etwas Abstand auf die vorbereiteten Backbleche legen. Dabei beachten, dass sich die Größe der Kipferl im Backofen in etwa verdoppelt.

Die Kipferl auf der mittleren Schiene im vorgeheizten Backofen etwa 10 Minuten backen, bis die Unterseite am Rand leicht goldfarben ist. Für die Verzierung den Puderzucker mit dem Vanillezucker in eine flache Schüssel geben und gut vermischen.

Die noch warmen Kipferl etwa 5 Minuten abkühlen lassen, in der Zuckermischung wälzen, auf einem Kuchengitter abkühlen lassen und in luftdichten Dosen lagern.

Spekulatius

Für 1 Blech, ca. 15 Stück

- 150 g Dinkelmehl, Vollkorn
- 50 g gemahlene Haselnusskerne
- 60 g Zucker
- 8 g Vanillezucker
- 4 EL Spekulatiusgewürz
- 1 Prise Salz
- 90 g vegane zimmerwarme Butter
- 3 EL Mandeldrink
- Weizenmehl für die Arbeitsfläche

Das Mehl, die Haselnüsse, den Zucker, den Vanillezucker, das Spekulatiusgewürz und Salz in eine große Schüssel geben. Die Butter mit einem Messer in grobe Stücke schneiden und mit in die Schüssel geben.

Den Mandeldrink hinzufügen, mit den Knethaken des Handrührgeräts alles zu einem glatten Teig verkneten und abgedeckt etwa 30 Minuten kalt stellen. Den Backofen auf 180 °C Ober-/Unterhitze vorheizen und ein Backblech mit Backpapier auslegen.

Den Teig auf einer bemehlten Arbeitsfläche etwa 3 mm dick ausrollen. Falls vorhanden, mit einer Spekulatiuswalze Kekse ausstanzen, ansonsten eine beliebige Ausstechform verwenden.

Die Kekse auf das vorbereitete Backblech legen und auf der mittleren Schiene im vorgeheizten Backofen etwa 10 Minuten backen, bis sie goldbraun sind. Die Kekse auf einem Kuchengitter abkühlen lassen und in luftdicht verschließbaren Dosen lagern.

food, friends & good times

Lebkuchen

Für ca. 8 Stück

Für den Teig
40 g vegane Butter
100 g Orangeat
100 g Zitronat
150 g gemahlene Haselnusskerne
150 g gemahlene Mandelkerne
1 EL Lebkuchengewürz
8 g Vanillezucker
1 Prise Salz
6 EL veganer Honig
75 g Marzipanrohmasse

Außerdem
20 Backoblaten
120 g vegane Schokodrops oder
200 g Puderzucker

Den Backofen auf 180 °C Ober-/Unterhitze vorheizen und ein Backblech mit Backpapier auslegen.

Für den Teig die Butter schmelzen. Das Orangeat, das Zitronat, die Haselnüsse, die Mandeln, das Lebkuchengewürz, den Vanillezucker und das Salz in eine große Schüssel geben. Den Honig, das Marzipan und die Butter hinzufügen und mit den Knethaken des Handrührgeräts zu einem glatten Teig verkneten.

Die Oblaten auf das vorbereitete Backblech legen. Den Teig gleichmäßig auf die Oblaten verteilen und mit der Hand jeweils zu einer flachen Haube formen. Die Lebkuchen auf das vorbereitete Backblech legen und auf der mittleren Schiene im vorgeheizten Backofen etwa 20 Minuten backen. Aus dem Ofen nehmen und auf einem Kuchengitter vollständig abkühlen lassen.

Die Schokodrops auf einem heißen Wasserbad schmelzen, die Lebkuchen in die flüssige Schokolade tauchen, abtropfen und trocknen lassen. Alternativ zum Schokoladenguss die Lebkuchen mit einem Zuckerguss überziehen. Dafür den Puderzucker in eine kleine Schüssel sieben und tropfenweise so viel Wasser hinzugeben, bis ein dickflüssiger Guss entsteht. Die Lebkuchen in luftdicht verschließbaren Dosen lagern.

IV
Inhalt.
24. Lieder für

Zimtsterne

Für 2 Backbleche, ca. 50 Stück

Für den Teig
150 g gemahlene Mandelkerne
150 g gemahlene Haselnusskerne
175 g Puderzucker
8 g Vanillezucker
1–2 TL Zimt, gemahlen
½ EL frisch abgeriebene Orangenschale
60 ml gekühltes Aquafaba

Für die Glasur
40 ml gekühltes Aquafaba
50 g Puderzucker

Außerdem
Weizenmehl für die Arbeitsfläche

Für den Teig alle Zutaten bis auf das Aquafaba in eine große Schüssel geben und mit den Knethaken des Handrührgeräts vermengen. Das Aquafaba mit dem Schneebesen steif schlagen, unter den Teig heben und verkneten.

Den Teig zu einer Kugel formen und etwa 1 Stunde kalt stellen. Den Backofen auf 180 °C Ober-/Unterhitze vorheizen und ein Backblech mit Backpapier auslegen.

Den Teig auf einer bemehlten Arbeitsfläche etwa 8 mm dick ausrollen. Mit einer Sternenform Zimtsterne ausstechen, auf das vorbereitete Backblech legen und auf der mittleren Schiene im vorgeheizten Backofen etwa 8 Minuten backen. Die Sterne auf einem Kuchengitter vollständig abkühlen lassen.

Für die Glasur das Aquafaba steif schlagen. Langsam den Puderzucker dazugeben und weiterrühren, bis ein dickflüssiger Guss entsteht. Die Zimtsterne damit dekorieren. Dafür mit einem Löffel etwas Glasur auf die Mitte des Sterns geben und mit einem Holzstab die Sternspitzen mit Glasur bedecken. Die Zimtsterne in luftdicht verschließbaren Dosen lagern.

Spritzgebäck

Für 1 Blech, ca. 12 Stück

100 g Weizenmehl
Type 550
50 g Puderzucker
8 g Vanillezucker
½ TL Backpulver
10 g Kakaopulver
50 g vegane Butter
2 EL Mandeldrink

Den Backofen auf 180 °C Ober-/Unterhitze vorheizen und ein Backblech mit Backpapier auslegen.

Das Mehl, den Puderzucker, den Vanillezucker, das Backpulver und das Kakaopulver in eine große Schüssel sieben. Die Butter schmelzen und ebenfalls in die Schüssel füllen. Den Mandeldrink hinzugeben und mit den Knethaken des Handrührgeräts alles zu einem glatten Teig verkneten.

Den Teig in einen Spritzbeutel füllen und mit schlängelnden Bewegungen etwa 12 Gebäckstücke auf das vorbereitete Backblech spritzen.

Das Spritzgebäck auf der mittleren Schiene im vorgeheizten Backofen 13–15 Minuten backen. Die Plätzchen auf einem Kuchengitter abkühlen lassen und in luftdicht verschließbaren Dosen lagern.

Kokosmakronen

Für 1 Backblech, ca. 30 Stück

90 ml gekühltes Aquafaba
130 g Puderzucker
150 g Kokosraspel
8 g Vanillezucker
ca. 30 Oblaten (50 mm ø)

Den Backofen auf 175 °C Ober-/Unterhitze vorheizen und ein Backblech mit Backpapier auslegen.

Das Aquafaba mit den Schneebesen des Handrührgeräts steif schlagen. Den Puderzucker schrittweise hinzufügen und weiterrühren. Die Kokosraspel und den Vanillezucker zufügen und gut verrühren.

Die Oblaten auf dem vorbereiteten Backblech verteilen. Mit zwei kleinen Löffeln die Kokosmischung auf die Oblaten verteilen. Dabei darauf achten, dass der Rand der Oblaten noch sichtbar ist, da die Kokosmischung beim Backen etwas auseinanderläuft. Die Makronen auf der mittleren Schiene im vorgeheizten Backofen etwa 13 Minuten backen, bis sie leicht goldfarben werden.

Die Makronen auf einem Kuchengitter abkühlen lassen und in luftdicht verschließbaren Dosen lagern.

Pfefferkuchenmänner

Für 1 Backblech, ca. 30 Stück

Für den Teig
- 220 g Weizenmehl Type 550 zzgl. etwas mehr für die Arbeitsfläche
- 2 EL Lebkuchengewürz
- 1 TL Natron
- 1 Prise Salz
- 75 g vegane zimmerwarme Butter
- 100 g veganer Honig

Für den Guss
- 30 ml gekühltes Aquafaba
- 150 g Puderzucker
- pflanzliche rote Lebensmittelfarbe
- vegane Zuckerstreusel nach Belieben

Für den Teig das Mehl in eine große Schüssel sieben. Das Lebkuchengewürz, das Natron und Salz hinzugeben. Die Butter mit einem Messer in grobe Stücke schneiden, zufügen und mit den Knethaken des Handrührgeräts alles gut verkneten.

Den Honig hinzugeben, verrühren und den Teig etwa 20 Minuten kalt stellen. Den Backofen auf 180 °C Ober-/Unterhitze vorheizen und ein Backblech mit Backpapier auslegen.

Den Teig auf einer bemehlten Arbeitsfläche etwa 5 mm dick ausrollen. Mit einem Pfefferkuchenmännchen-Ausstecher kleine Plätzchen ausstechen, auf das vorbereitete Backblech legen und auf der mittleren Schiene im vorgeheizten Backofen etwa 10 Minuten backen. Die Plätzchen auf einem Kuchengitter abkühlen lassen.

Für den Guss das Aquafaba steif schlagen. Den Puderzucker in eine Schüssel sieben und mit dem Aquafaba verrühren. Einen Teil der Mischung mit der Lebensmittelfarbe einfärben. Den Guss jeweils in einen Spritzbeutel füllen und die Pfefferkuchenmänner dekorieren. Nach Belieben mit Streuseln verzieren, trocknen lassen und in luftdicht verschließbaren Dosen lagern.

Schwarz-Weiß-Gebäck

Für 2 Backbleche, ca. 40 Stück

Für den Teig
200 g Weizenmehl Type 550 zzgl. etwas mehr für die Arbeitsfläche
150 g Puderzucker
100 g vegane zimmerwarme Butter
1 Prise Salz
8 g Vanillezucker
2 EL Mandeldrink

Außerdem für den dunklen Teig
15 g Kakaopulver
1 EL Mandeldrink
10 g Puderzucker

Den Backofen auf 180 °C Ober-/Unterhitze vorheizen und zwei Backbleche mit Backpapier auslegen.

Für den Teig das Mehl und den Puderzucker in eine große Schüssel sieben. Die Butter in grobe Stücke schneiden, mit dem Salz, dem Vanillezucker und dem Mandeldrink dazugeben und mit den Knethaken des Handrührgeräts zu einem glatten Teig verkneten.

Den Teig halbieren. Eine Hälfte mit dem Kakaopulver, dem Mandeldrink und dem Puderzucker verkneten.

Auf einer bemehlten Arbeitsfläche sowohl den hellen als auch den dunklen Teig jeweils etwa 3 mm dick ausrollen. Dann den hellen Teig auf den dunklen legen und leicht andrücken. Die übereinanderliegenden Teigschichten zu einer länglichen Rolle eng aufrollen. Mit einem glatten scharfen Messer kleine Scheiben von der Rolle abschneiden, auf die vorbereiteten Backbleche legen und auf der mittleren Schiene im vorgeheizten Backofen 10–12 Minuten backen.

Das Gebäck auf einem Kuchengitter abkühlen lassen und in luftdichten Dosen lagern.

Nusstaler

Für 1 Backblech, ca. 30 Stück

Für den Teig
100 g Dinkelvollkornmehl
50 g gemahlene Haselnusskerne
25 g gehackte Haselnusskerne
50 g gemahlene Mandelkerne
25 g Rohrohrzucker
8 g Vanillezucker
1 Prise Salz
½ TL Backpulver
1 EL Mandeldrink
100 g vegane zimmerwarme Butter

Außerdem
Weizenmehl für die Arbeitsfläche
70 g vegane Schokodrops
ca. 30 Walnusskernhälften

Den Backofen auf 180 °C Ober-/Unterhitze vorheizen und ein Backblech mit Backpapier auslegen. Für den Teig das Mehl in eine große Schüssel sieben. Die Nüsse, die Mandeln, den Zucker, den Vanillezucker, das Salz, das Backpulver und den Mandeldrink dazugeben.

Die Butter mit einem Messer in grobe Stücke schneiden, zufügen und mit den Knethaken des Handrührgeräts alles zu einem glatten Teig verkneten. Den Teig auf einer bemehlten Arbeitsfläche etwa 6 mm dick ausrollen.

Mit einem runden Ausstecher Taler ausstechen, auf das vorbereitete Backblech legen und auf der mittleren Schiene im vorgeheizten Backofen etwa 8 Minuten backen. Das Blech aus dem Ofen nehmen und die Taler auf dem Backblech abkühlen lassen.

Für die Verzierung die Schokodrops auf einem heißen Wasserbad schmelzen. Jeweils einen kleinen Löffel flüssige Schokolade auf einen Taler geben, dabei etwas Schokolade übrig lassen. Die Walnusskerne auf den Talern verteilen, die Taler mit der restlichen Schokolade quer besprenkeln, trocknen lassen und die Taler in luftdicht verschließbaren Dosen lagern.

Besonderes Gebäck

Glühweinplätzchen

Für 2 Backbleche, ca. 30 Stück

Für den Teig
180 g Weizenmehl Type 550 zzgl. etwas mehr für die Arbeitsfläche
60 g Puderzucker
15 g Kakaopulver
125 g vegane zimmerwarme Butter

Für die Creme
ca. 8 TL vegane Nuss-Nougat-Creme

Für den Guss
90 g Puderzucker
15 ml Glühwein

Den Backofen auf 180 °C Ober-/Unterhitze vorheizen und zwei Backbleche mit Backpapier auslegen.

Für den Teig das Mehl, den Puderzucker und das Kakaopulver in eine große Schüssel sieben. Die Butter in grobe Stücke schneiden, zufügen und mit den Händen zu einem glatten Teig verkneten.

Die Arbeitsfläche und eine Teigrolle mit etwas Mehl bestauben und den Teig etwa 5 mm dick ausrollen. Mit einer Sternform Plätzchen ausstechen, auf die vorbereiteten Backbleche legen und auf der mittleren Schiene im vorgeheizten Backofen etwa 8 Minuten backen. Die Plätzchen auf einem Kuchengitter abkühlen lassen.

Auf die eine Hälfte der Sterne jeweils ¼ TL Nuss-Nougat-Creme geben, die andere Hälfte jeweils darauflegen und leicht andrücken.

Für den Guss den Puderzucker in eine kleine Schüssel sieben. Den Glühwein dazugeben und zu einem glatten Guss verrühren. Den Guss mit einem kleinen Löffel auf den Plätzchen verteilen, trocknen lassen und die Plätzchen in luftdicht verschließbaren Dosen lagern.

Erdbeer-Zimt-Stäbchen

Für 1 Backblech, ca. 16 Stück

Für den Teig
100 g Weizenmehl Type 550
50 g Puderzucker
8 g Vanillezucker
½ TL Backpulver
50 g vegane Butter
2 EL Mandeldrink

Für den Guss
30 g Erdbeerkonfitüre, ohne Kerne
50 g Puderzucker
½ TL Zimt, gemahlen

Den Backofen auf 180 °C Ober-/Unterhitze vorheizen und ein Backblech mit Backpapier auslegen.

Für den Teig das Mehl, den Puderzucker, den Vanillezucker und das Backpulver in eine große Schüssel sieben. Die Butter schmelzen, zusammen mit dem Mandeldrink dazugeben und mit den Knethaken des Handrührgeräts alles zu einem glatten Teig verkneten.

Den Teig in einen Spritzbeutel mit Sterntülle füllen, etwa 16 gerade Stäbchen mit einer Länge von 8–10 cm auf dem vorbereiteten Backblech formen und auf der mittleren Schiene im vorgeheizten Backofen 13–15 Minuten backen. Die Stäbchen auf einem Kuchengitter abkühlen lassen.

Die Erdbeerkonfitüre, den Puderzucker und den Zimt in einer kleinen Schüssel zu einem dickflüssigen Guss verrühren. Mit einem kleinen Löffel den Guss auf jeweils einer Hälfte der Stäbchen verteilen und trocknen lassen. Die Stäbchen in luftdicht verschließbaren Dosen lagern.

Marzipantaler

Für 2 Backbleche, ca. 30 Stück

Für den Teig
100 g vegane zimmerwarme Butter
100 g Marzipanrohmasse
50 g Rohrohrzucker
8 g Vanillezucker
100 g Weizenmehl Type 550 zzgl. etwas mehr für die Arbeitsfläche
30 g Speisestärke
2 EL Mandeldrink

Für den Guss
90 g Puderzucker
15 ml Glühwein

Außerdem
ca. 30 ganze blanchierte Mandelkerne

Den Backofen auf 175 °C Ober-/Unterhitze vorheizen und zwei Backbleche mit Backpapier auslegen.

Für den Teig alle Zutaten in eine große Schüssel geben und mit den Händen gründlich zu einem festen Teig verkneten. Die Arbeitsfläche und eine Teigrolle mit etwas Mehl bestauben, den Teig etwa 3 mm dick ausrollen, mit runden Ausstechformen Taler ausstechen und auf die vorbereiteten Backbleche legen.

Die Plätzchen auf der mittleren Schiene im vorgeheizten Backofen etwa 10 Minuten backen. Sobald sie eine leicht bräunliche Farbe am Rand bekommen, die Plätzchen aus dem Ofen nehmen und auf einem Kuchengitter abkühlen lassen.

Für den Guss den Puderzucker in eine kleine Schüssel sieben und mit dem Glühwein zu einem glatten Guss verrühren. Diesen mit einem kleinen Löffel in die Mitte der Taler geben. Dann jeweils eine Mandel auf einen Taler legen und andrücken. Die Plätzchen in luftdicht verschließbaren Dosen lagern.

Tannenbäume

Für 2 Backbleche, ca. 30 Stück

Für den Teig
200 g Weizenmehl Type 550 zzgl. etwas mehr für die Arbeitsfläche
80 g Puderzucker
15 g Kakaopulver
150 g vegane zimmerwarme Butter
8 g Vanillezucker

Für den Guss
200 g Puderzucker
1 EL Matchapulver
1 Zitrone
vegane Zuckerstreusel nach Belieben

Den Backofen auf 160 °C Umluft vorheizen und zwei Backbleche mit Backpapier auslegen.

Für den Teig das Mehl, den Puderzucker und das Kakaopulver in eine große Schüssel sieben. Die Butter in grobe Stücke schneiden, mit dem Vanillezucker dazugeben und mit den Händen zu einem glatten Teig verkneten.

Die Arbeitsfläche und eine Teigrolle mit etwas Mehl bestauben, den Teig etwa 5 mm dick ausrollen, mit Tannenbaum-Ausstechformen Plätzchen ausstechen, auf die vorbereiteten Backbleche legen und im vorgeheizten Backofen maximal 8 Minuten backen. Die Plätzchen auf einem Kuchengitter abkühlen lassen.

Für den Guss den Puderzucker und das Matchapulver in eine kleine Schüssel sieben. Die Zitrone halbieren und den Saft in eine separate Schüssel auspressen. Den Puderzucker mit etwas Zitronensaft zu einem dickflüssigen Guss verrühren. Den Guss auf den Plätzchen verteilen, mit den Streuseln dekorieren, trocknen lassen und die Plätzchen in luftdicht verschließbaren Dosen lagern.

Des Königs letzte Kekse

Für 1 Backblech, ca. 30 Stück

250 g Dinkelmehl Type 1050
120 g Haferflocken
1 Prise Salz
150 g veganer Honig
130 ml Rapsöl
100 g getrocknete Cranberries

Den Backofen auf 200 °C Ober-/Unterhitze vorheizen und ein Backblech mit Backpapier auslegen.

Das Dinkelmehl in eine große Schüssel sieben. Die Haferflocken und das Salz zufügen und vermischen. Den Honig und das Rapsöl dazu geben und alles mit einem Handrührgerät zu einem festen Teig verkneten.

Die Cranberries zufügen und unterkneten. Den Teig zu kleinen Kugeln formen, auf das vorbereitete Backblech legen, leicht flachdrücken und auf der mittleren Schiene im vorgeheizten Backofen 12–15 Minuten goldbraun backen. Die Kekse auf einem Kuchengitter abkühlen lassen und in luftdicht verschließbaren Dosen lagern.

Du möchtest wissen, wie die Kekse zu ihrem Namen gekommen sind? In *Luanas Entscheidung* aus der mittelalterlichen Geschichtensammlung *AQUILERIA · Geschichten Band II* trägt der Barde Rondas ein großes Epos über die Hintergründe der Rezeptur – und die geheime Wirkung der Kekse – vor. Erfahre mehr auf *aquileria.de*.

Nussecken mit Zimt

Für 1 Backblech, ca. 24 Stück

Für den Teig
300 g Weizenmehl Type 550
120 g Zucker
1 TL Backpulver
1 Prise Salz
200 g vegane zimmerwarme Butter

Für den Nussbelag
75 g vegane Butter
270 g Erdbeerkonfitüre, ohne Kerne
300 g gehackte Haselnusskerne
1 EL Zimt, gemahlen
50 g Puderzucker

Außerdem
50 g vegane Schokodrops

TIPP
Skizze zum Schneiden der fertigen Nussecken:

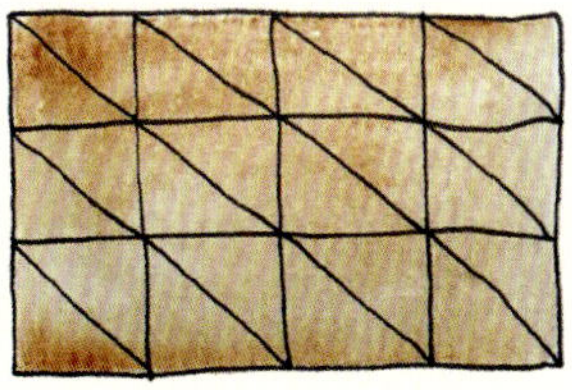

Für den Teig das Mehl in eine große Schüssel sieben. Den Zucker, das Backpulver und Salz dazugeben. Die Butter in grobe Stücke schneiden, zufügen und mit den Händen oder den Knethaken des Handrührgeräts alles zu einem glatten Teig verkneten.

Den Backofen auf 170 °C Ober-/Unterhitze vorheizen und ein Backblech mit Backpapier auslegen. Den Teig darauf etwa 3 mm dick ausrollen und ggf. mit den Händen bis zu den Rändern flachdrücken.

Für den Nussbelag die Butter, die Erdbeerkonfitüre, die Haselnüsse, den Zimt und den Puderzucker in einen Topf geben und bei mittlerer Temperatur unter Rühren kurz aufkochen. Die Mischung anschließend vom Herd nehmen, auf dem Mürbeteig gleichmäßig verstreichen und auf der mittleren Schiene im vorgeheizten Backofen etwa 30 Minuten backen. Die Nussecken auf einem Kuchengitter abkühlen lassen.

Die Schokodrops auf einem heißen Wasserbad schmelzen, mit einem Löffel über die Nussecken sprenkeln und trocknen lassen. Die Nussecken mit einem großen scharfen Messer (siehe Skizze) erst in 12 Quadrate, dann in Dreiecke schneiden. Die Nussecken lassen sich auch sehr gut einfrieren und zu einem späteren Zeitpunkt wieder auftauen.

Mandelplätzchen

Für 1 Backblech, ca. 25 Stück

Für den Teig
190 g Mandelmehl zzgl. etwas mehr für die Arbeitsfläche
100 g Xylit
½ TL gemahlene Vanilleschote
120 g vegane zimmerwarme Butter
20 ml Mandeldrink

Für den Guss
30 ml gekühltes Aquafaba
30 g Puder-Xylit
1 EL Himbeerpulver
3 EL Kakaonibs

Für den Teig das Mandelmehl, das Xylit und die Vanille in eine große Schüssel geben. Die Butter in grobe Stücke schneiden, mit dem Mandeldrink zufügen, mit den Händen alles zu einem glatten Teig verkneten und für etwa 30 Minuten kalt stellen.

Den Backofen auf 180 °C Ober-/Unterhitze vorheizen und ein Backblech mit Backpapier auslegen. Die Arbeitsfläche und eine Teigrolle mit etwas Mandelmehl bestauben und den Teig etwa 5 mm dick ausrollen. Mit Ausstechformen nach Wahl (z. B. in Herzform) Plätzchen ausstechen, auf das vorbereitete Backblech legen und auf der mittleren Schiene im vorgeheizten Backofen etwa 10 Minuten backen. Sobald die Plätzchen eine leicht bräunliche Farbe am Rand bekommen, die Plätzchen aus dem Backofen nehmen und auf einem Kuchengitter abkühlen lassen.

Für den Guss das Aquafaba steif schlagen. Das Puder-Xylit und das Himbeerpulver dazugeben und zu einem glatten Guss verrühren. Die Plätzchen mit dem Guss bestreichen, mit den Kakaonibs dekorieren, trocknen lassen und in luftdicht verschließbaren Dosen lagern.

Lebkuchenburg

Für 1 Stück

Für den Teig
440 g Weizenmehl Type 550 zzgl. etwas mehr für die Arbeitsfläche
4 EL Lebkuchengewürz
2 TL Natron
1 Prise Salz
150 g vegane zimmerwarme Butter
200 g veganer Honig

Für den Guss
50 ml Aquafaba
250 g Puderzucker
vegane Streusel und Süßigkeiten nach Belieben

Für den Teig das Mehl in eine große Schüssel sieben. Das Lebkuchengewürz, das Natron und Salz hinzugeben. Die Butter in grobe Stücke schneiden und mit in die Schüssel geben. Anschließend mit den Knethaken des Handrührgeräts alles gut verkneten.

Nun den Honig hinzugeben und weiterrühren. Dann den Teig für etwa 20 Minuten in den Kühlschrank stellen. Den Backofen auf 180 °C Ober-/Unterhitze vorheizen und zwei Backbleche mit Backpapier auslegen.

Den Teig auf dem mit Backpapier ausgelegten und leicht bemehlten Backblech mindestens 5 mm dick ausrollen. Die Mauer-Schablone (siehe Seite 66) auf Papier durchpausen, ausschneiden und auf den Teig legen. Mit einem Messer die Burgmauern ausschneiden. Hierfür am besten mit zwei Backblechen arbeiten und jeweils eine Mauer auf einem Blech ausrollen, den restlichen Teig entfernen und wieder verwenden. Den Vorgang für jede der vier Mauern wiederholen. Je nach Blechgröße können auch zwei Mauern auf einem Blech ausgeschnitten werden. Sollten alle vier Mauern ausgeschnitten und noch Teig übrig sein, diesen erneut ausrollen und mit weiteren Formen nach Belieben ausstechen und mit auf ein Backblech legen.

Die Bleche auf der mittleren Schiene im vorgeheizten Backofen jeweils etwa 10 Minuten backen. Anschließend aus dem Ofen nehmen und die Mauern vollständig abkühlen lassen.

Für den Guss das Aquafaba steif schlagen. Den Puderzucker dazu sieben und verrühren. Den Guss in einen Spritzbeutel füllen und die Mauern nach Belieben mit Streuseln und Süßigkeiten dekorieren. Dann die Mauern aufrichten, aneinanderstellen und den Guss entlang der entsprechenden Stellen verteilen, um die Mauern miteinander zu verbinden (hier helfen Gläser zum Stabilisieren, bis alles getrocknet ist).

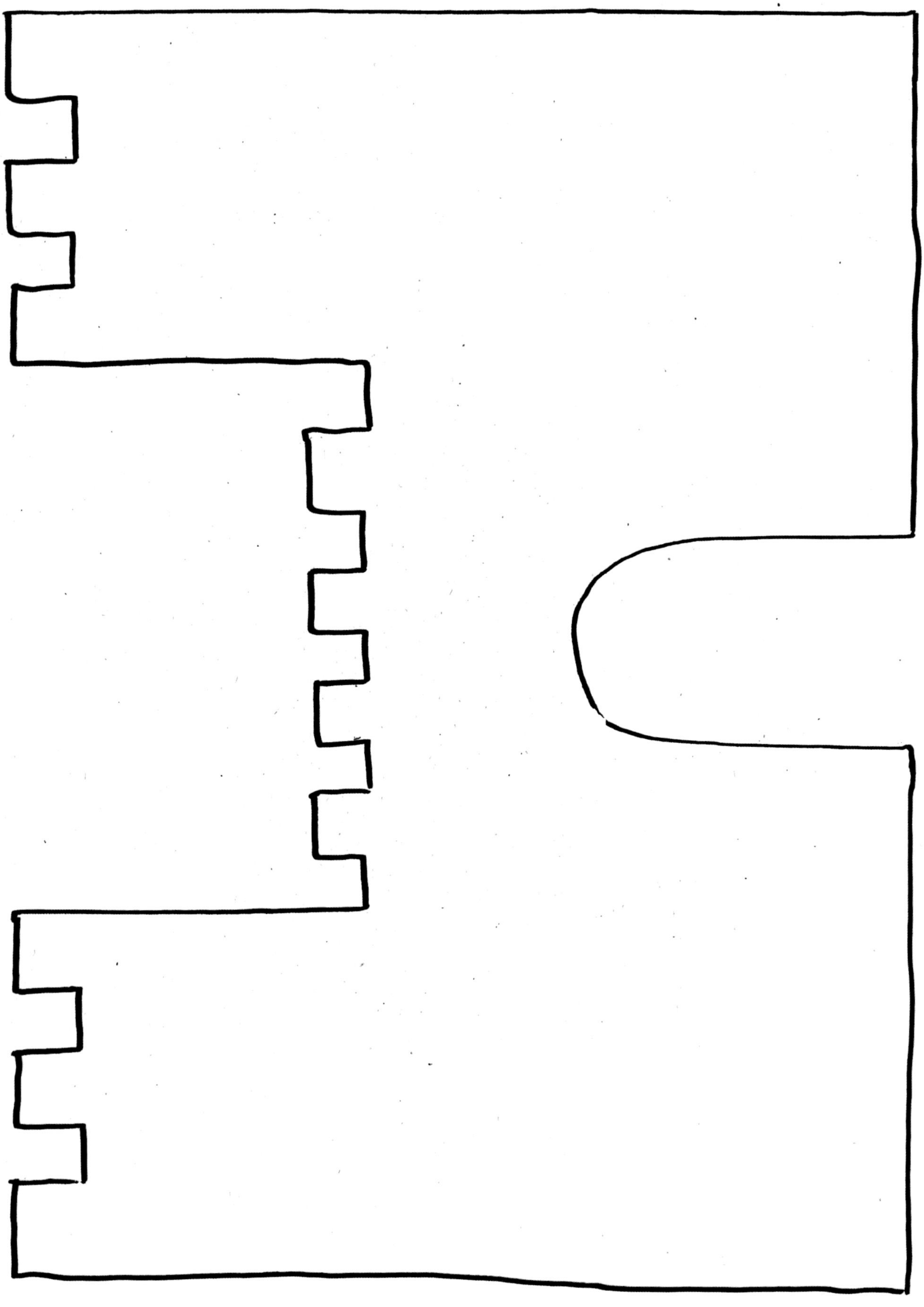

Mandel-Stangen

Für 1 Backblech, ca. 20 Stück

Für den Blätterteig
(alternativ 1 Packung Blätterteig aus dem Kühlregal)
200 g vegane kalte Butter
250 g Weizenmehl Type 550 zzgl. etwas mehr für die Arbeitsfläche
1 Prise Salz

Für die Füllung
100 g vegane Butter
100 g gemahlene Mandelkerne
50 g Puderzucker
8 g Vanillezucker
1 EL Zimt, gemahlen

TIPP
Skizze für die Platzierung der Mandelmasse auf dem Blätterteig (1) und das Schneiden in Streifen (2):

1
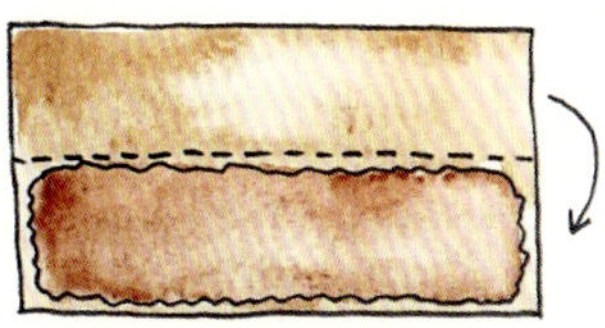

2

Für den Blätterteig die Butter in kleine Stücke schneiden. Alle Zutaten zusammen mit 100 ml kaltem Wasser in eine große Schüssel füllen und zunächst mit den Knethaken des Handrührgeräts vermengen. Anschließend mit den Händen zu einer festen Masse verkneten und für 30 Minuten in den Kühlschrank legen.

Den Teig aus dem Kühlschrank nehmen und auf einer bemehlten Arbeitsfläche zu einem Rechteck ausrollen. Von einer Schmalseite zur Mitte falten, dann das gegenüberliegende Ende darüberlegen. Diesen Schritt noch zwei weitere Male wiederholen, sodass der Teig schließlich insgesamt dreimal ausgerollt und wieder zu einem Drittel seiner Größe gefaltet wird. Den zusammengeklappten Teig erneut etwa 30 Minuten im Kühlschrank ruhen lassen.

Den Backofen auf 180 °C Umluft vorheizen und ein Backblech mit Backpapier auslegen. Für die Füllung die Butter schmelzen, mit den gemahlenen Mandeln, dem Puderzucker, dem Vanillezucker und dem Zimt in eine große Schüssel füllen und verrühren.

Den Teig auf dem vorbereiteten Backblech ausrollen. Den Mandelbelag mit einem großen Löffel auf der Hälfte des Teigs verteilen, sodass ein langer Streifen ohne Mischung und ein langer Streifen der langen Kante nach mit dem Mandelbelag entsteht.

Die Hälfte ohne den Mandelbelag über die mit dem Mandelbelag legen und festdrücken. Mit einem Pizzaroller den Teig in etwa 20 gleich große Streifen schneiden. Die Streifen anschließend eindrehen und im vorgeheizten Backofen etwa 12 Minuten goldbraun backen. Anschließend vollständig abkühlen lassen oder noch lauwarm servieren.

Kuchen und Torten

Weihnachtlicher Zupfkuchen

Für 12 Stücke

Für den Teig
350 g Weizenmehl Type 550
60 g Kakaopulver
16 g Backpulver
175 g vegane zimmerwarme Butter zzgl. etwas mehr für die Form
100 g Rohrohrzucker
1 TL Lebkuchengewürz
1 Prise Salz
6 EL Mandeldrink

Für die Füllung
800 g veganer Quark auf Mandelbasis
8 g Vanillezucker
1 EL Zimt, gemahlen
50 g Speisestärke
100 g Puderzucker
100 g vegane Butter

Für den Teig das Mehl, das Kakaopulver und das Backpulver in eine große Schüssel sieben. Die Butter in grobe Stücke schneiden und dazugeben. Den Rohrohrzucker, das Lebkuchengewürz und das Salz hinzufügen und alles mit den Händen oder den Knethaken des Handrührgeräts zu einem glatten Teig verkneten. Anschließend den Mandeldrink dazugeben und mit verkneten.

Eine Springform (ø 26 cm) mit der Butter einfetten. Dann eine Handvoll des Teigs abnehmen und für die Sterne zur Seite stellen. Den übrigen Teig in die Springform geben und mit den Händen am Boden flachdrücken. Dabei einen etwa 3 cm hohen, gleichmäßigen Rand formen.

Für die Füllung den Quark, den Vanillezucker und den Zimt in eine große Schüssel geben. Die Speisestärke und den Puderzucker dazu sieben. Die Butter in einem Topf zum Schmelzen bringen und mit in die Schüssel gießen. Die Mischung mit den Schneebesen des Handrührgeräts sorgfältig verrühren, in die Springform auf den Teig füllen und glatt streichen.

Den Backofen auf 175 °C Ober-/Unterhitze vorheizen. Den übrigen Teig dünn ausrollen und mit Sternformen Plätzchen ausstechen. Diese dann auf der Füllung platzieren und leicht andrücken.

Den Kuchen auf der mittleren Schiene im vorgeheizten Backofen 45–50 Minuten backen. Für eine glatte Oberfläche kann der Kuchen auch im Wasserbad gebacken werden. Nach der Backzeit den Kuchen bei geöffneter Backofentür im Backofen abkühlen lassen.

Den Zupfkuchen entweder frisch servieren oder im Kühlschrank durchziehen lassen.

Bratapfel-Walnuss-Torte

Für 12 Stücke

Für den Teig
300 g Weizenmehl Type 550
150 g vegane zimmerwarme Butter zzgl. etwas mehr für die Form
100 g Rohrohrzucker
½ TL Backpulver
8 g Vanillezucker
3 EL Mandeldrink
1 Prise Salz

Für die Füllung
1 kg Äpfel (etwa 7 Stück)
50 g vegane Butter
100 g Puderzucker zzgl. etwas mehr für die Arbeitsfläche
1 EL Zimt, gemahlen
2 EL Speisestärke
150 g Marzipanrohmasse
50 g gehackte Walnusskerne

Eine Springform (ø 26 cm) einfetten. Für den Teig das Mehl in eine große Schüssel sieben. Die Butter, den Rohrohrzucker, das Backpulver, den Vanillezucker, den Mandeldrink und das Salz hinzugeben und mit den Knethaken des Handrührgeräts zu einem glatten Teig verkneten.

Eine Handvoll Teig abnehmen und für die Streusel zur Seite stellen. Den restlichen Teig in die Springform geben, gleichmäßig verteilen und zu einem Boden und Rand festdrücken.

Für die Füllung die Äpfel schälen, entkernen und in kleine Stücke schneiden. Die Apfelstücke mit der Butter, dem Puderzucker und dem Zimt in einen Topf geben und unter ständigem Rühren etwa 10 Minuten köcheln lassen. 4 EL Wasser in eine kleine Schüssel füllen. Die Speisestärke dazugeben und vollständig einrühren. Die Mischung anschließend zu den köchelnden Apfelstücken geben, nochmal kurz aufkochen lassen und die Mischung vom Herd nehmen.

Den Backofen auf 175 °C Ober-/Unterhitze vorheizen. Das Marzipan in Größe der Springform mit einer Teigrolle dünn ausrollen. Bei Bedarf die Arbeitsfläche und die Teigrolle mit etwas Puderzucker bestauben. Das Marzipan dann in die Springform auf den Teig legen und leicht andrücken.

Die Apfelmischung gleichmäßig auf die Marzipanschicht in die Springform füllen. Aus dem übrigen Teig mit den Händen Streusel formen und gleichmäßig auf der Apfelschicht verteilen. Die Walnüsse in grobe Stücke hacken und auf die Streusel streuen.

Den Kuchen auf der mittleren Schiene im vorgeheizten Backofen etwa 40 Minuten backen. Anschließend aus dem Backofen nehmen und lauwarm oder abgekühlt servieren.

Verschneite Kaffeetorte

Für 12 Stücke

Für den Teig
50 g vegane Schokodrops
350 g Weizenmehl Type 550
50 g Kakaopulver
15 g Backpulver
250 g Rohrohrzucker
8 g Vanillezucker
140 ml Rapsöl zzgl. etwas mehr für die Form
300 ml ungesüßter Haferdrink
1 EL Apfelessig
1 Prise Salz

Für die Creme
500 g vegane Schlagcreme
30 g Agar-Agar
100 g Puderzucker
150 g veganer Frischkäse auf Mandelbasis

Den Backofen auf 170 °C Ober-/Unterhitze vorheizen und den Boden einer Springform (ø 26 cm) einfetten.

Für den Teig die Schokodrops auf einem heißen Wasserbad schmelzen. Das Mehl, den Kakao und das Backpulver in eine große Schüssel sieben. Alle weiteren Zutaten für den Boden in die Schüssel geben. Die flüssige Schokolade zufügen und alles mit den Knethaken des Handrührgeräts verrühren.

Den Teig in die vorbereitete Springform füllen und auf der mittleren Schiene im vorgeheizten Backofen etwa 50 Minuten backen. Am Ende der Backzeit per Stäbchenprobe die Konsistenz prüfen. Den fertigen Kuchen auf einem Kuchengitter vollständig abkühlen lassen.

In der Zwischenzeit die Creme zubereiten. Dafür 100 g Schlagcreme mit dem Agar-Agar in einen Kochtopf geben, 2 Minuten aufkochen lassen und dabei ständig rühren. Die restliche Schlagcreme in einem hohen Gefäß mit den Schneebesen des Handrührgeräts aufschlagen. Die steif geschlagene Creme in eine große Schüssel füllen. Den Puderzucker und den Frischkäse hinzufügen und mit den Schneebesen alles vermengen. Dann die Agar-Agar Mischung unterrühren.

Zum Tränken
210 ml starker Espresso

Außerdem
vegane Schokostreusel
2 EL Kakaopulver
1 TL Zimt, gemahlen

Den ausgekühlten Kuchen mit einem großen Messer vorsichtig in drei gleichgroße Böden teilen. Den ersten Boden auf einer Kuchenplatte platzieren. Die anderen Böden zur Seite stellen. Den ersten Boden mit 70 ml Espresso gleichmäßig beträufeln. Dann ein Viertel der Creme bis zum Rand auf dem Boden verstreichen.

Den zweiten Boden darüber legen. Diesen wieder mit 70 ml Espresso beträufeln und ein weiteres Viertel der Creme darauf verteilen. Den letzten Boden darüber legen. Diesen mit dem restlichen Espresso beträufeln und die restliche Creme (die Hälfte der Gesamtmenge) darauf verteilen. Die Creme auf dem Boden und an den Seiten verteilen und glatt streichen. Die Schokostreusel an den Seiten der Torte verteilen.

Aus Papier kleine Tannenbäume ausschneiden und diese vorsichtig auf der Torte platzieren. Das Kakaopulver und den Zimt in einer kleinen Schüssel vermischen. Die Mischung über ein Sieb mit einem Löffel über die Torte sieben. Anschließend die Papiertannenbäume entfernen.

Die Torte für mindestens 2 Stunden in den Kühlschrank stellen und gekühlt servieren.

Glühweintarte mit Heidelbeeren

Für 12 Stücke

Für den Teig
300 g Weizenmehl Type 550 zzgl. etwas mehr für die Arbeitsfläche
150 g vegane zimmerwarme Butter
100 g Puderzucker
½ TL Backpulver
8 g Vanillezucker
2 EL Mandeldrink

Für die Füllung
100 ml Glühwein
20 g Speisestärke
40 g Puderzucker
600 g Heidelbeeren, im Glas oder gefroren
1 EL Glühweingewürz, gemahlen

Für den Teig das Mehl in eine große Schüssel sieben. Die Butter in grobe Stücke schneiden und mit in die Schüssel geben. Den Puderzucker, das Backpulver, den Vanillezucker und den Mandeldrink dazugeben. Die Mischung mit den Knethaken des Handrührgeräts zu einem glatten Teig verarbeiten.

Eine Tarteform (ø 32 cm) mit Backpapier auslegen. 2 EL des Teigs abnehmen und für die Sterne zur Seite legen. Den restlichen Teig in die Tarteform geben und mit den Händen gleichmäßig verteilen. Den Boden und Rand formen und den Teig andrücken. Gegebenenfalls mit einem großen Löffel den Boden flachdrücken.

Für die Füllung den Glühwein in einen mittelgroßen Topf füllen. Die Stärke und den Puderzucker durch ein kleines Sieb dazugeben und einrühren. Die Heidelbeeren und das Glühweingewürz hinzugeben und unter Rühren aufkochen lassen. Sobald die Flüssigkeit gebunden ist und eine geleeähnliche Konsistenz hat, den Topf vom Herd nehmen und die Füllung in die Form geben.

Den Backofen auf 180 °C Ober-/Unterhitze vorheizen. Den übrigen Teig auf einer bemehlten Arbeitsfläche ausrollen. Mit einer kleinen Sternform mehrere Sterne ausstechen und auf der Heidelbeerfüllung verteilen.

Die Tarte auf der mittleren Schiene im vorgeheizten Backofen etwa 45 Minuten backen. Anschließend aus dem Backofen nehmen und noch lauwarm oder abgekühlt servieren.

TIPP
Statt Glühwein kann auch alkoholfreier Punsch verwendet werden. Das Rezept für selbstgemachten Punsch findest du auf Seite 86.

Schokokuchen

Für ca. 12 Stücke

Für den Teig
100 g vegane Schokodrops
250 g Weizenmehl Type 550
16 g Backpulver
40 g Kakaopulver
200 g Zucker
100 g Rapsöl zzgl. etwas mehr für die Form
100 ml Mineralwasser mit Kohlensäure
200 ml Glühwein
1 Prise Salz
1 TL Bourbon Vanille

Für den Guss
250 g Puderzucker
50 ml Glühwein
4 EL vegane Schokostreusel

Den Backofen auf 170 °C Ober-/Unterhitze vorheizen und eine Kastenform (Länge 24 cm) einfetten. Für den Teig die Schokodrops auf einem heißen Wasserbad schmelzen.

Für den Teig das Mehl, das Backpulver und das Kakaopulver in eine große Schüssel sieben. Den Zucker, das Rapsöl, das Mineralwasser, den Glühwein, die flüssige Schokolade sowie das Salz und die Bourbon Vanille dazugeben und mit den Knethaken des Handrührgeräts alles vermengen. Den Teig in die vorbereitete Backform füllen und glatt streichen.

Den Kuchen auf der mittleren Schiene im vorgeheizten Backofen etwa 60 Minuten backen. Gegen Ende der Backzeit mithilfe einer Stäbchenprobe prüfen, ob der Kuchen innen noch flüssig ist. Falls dies der Fall ist, den Kuchen weitere 5 Minuten backen und die Probe wiederholen. Den Kuchen aus dem Backofen nehmen und auf einem Kuchengitter abkühlen lassen.

Für den Guss den Puderzucker in eine kleine Schüssel sieben. Den Glühwein hinzugeben und gründlich einrühren. Den Guss auf dem Kuchen gleichmäßig verteilen. Mit den Schokostreuseln bestreuen und trocknen lassen. Der Kuchen lässt sich am besten gekühlt mit einem scharfen, glatten Messer schneiden.

TIPP
Für eine alkoholfreie Variante kann statt Glühwein ein alkoholfreier Punsch zubereitet werden. Hierfür 125 ml Apfelsaft und 125 ml Kirschsaft in einem Topf erhitzen. 2 EL Glühweingewürz in ein Teesieb geben und dieses in den Topf legen. Das Sieb sollte von der Flüssigkeit bedeckt sein. Die Mischung dann etwa 10 Minuten köcheln, etwas abkühlen lassen und im Rezept wie beschrieben weiterverarbeiten.

Zitronen-Mandel-Schnitten mit Creme

Für 1 Backblech, ca. 20 Stück

Für den Teig
3 unbehandelte Zitronen
250 g vegane Butter
250 g Zucker
8 g Vanillezucker
200 g Apfelmus
2 EL Apfelessig
150 g Weizenmehl Type 550
100 g gemahlene Mandelkerne
2 TL Backpulver

Für die Creme
270 g Brombeerkonfitüre, ohne Kerne
200 g vegane Schlagcreme
16 g Vanillezucker
100 g Mandelblättchen, geröstet

Den Backofen auf 180 °C Ober-/Unterhitze vorheizen und ein mittelgroßes, tiefes Backblech (40x30 cm) mit Backpapier auslegen.

Für den Teig die Zitronen heiß abwaschen, trocken tupfen und die Schale abreiben. Die Zitronen halbieren und den Saft auspressen. Die Butter schmelzen, mit dem Zucker, dem Vanillezucker, dem Apfelmus, dem Apfelessig, dem Mehl, den gemahlenen Mandeln, dem Backpulver, dem Zitronenabrieb sowie dem Zitronensaft in eine große Schüssel füllen.

Die Zutaten mit den Schneebesen des Handrührgeräts zu einem glatten Teig verrühren. Den Teig auf das vorbereitete Backblech geben, glatt streichen und auf der mittleren Schiene im vorgeheizten Backofen etwa 45 Minuten backen. Anschließend aus dem Ofen nehmen und abkühlen lassen.

Für die Creme die Brombeerkonfitüre gleichmäßig auf dem Boden verstreichen. Die Schlagcreme steif schlagen, den Vanillezucker einrühren und die Creme gleichmäßig auf der Konfitüre verteilen. Den Kuchen mit den Mandelblättchen bestreuen, in Rechtecke schneiden und servieren.

Spekulatiustorte

Für 12 Stücke

Für den Boden
100 g vegane Butter
200 g Gewürzspekulatius

Für die Füllung
500 g veganer Quark auf Mandelbasis
400 g veganer Frischkäse auf Mandelbasis
2 EL Speisestärke
2 EL Spekulatiusgewürz
8 g Vanillezucker
200 g Puderzucker

Für das Topping
75 g vegane Schokodrops
2 Spekulatiuskekse
12 frische Himbeeren

Für den Boden die Butter schmelzen. Den Spekulatius in eine Küchenmaschine geben oder mit einer Teigrolle zu Krümeln zerkleinern. Die flüssige Butter zu den Spekulatiuskrümeln geben und vermengen. Die Mischung in die Springform (ø 26 cm) geben und mit einem großen Löffel gleichmäßig auf dem Boden andrücken.

Den Backofen auf 170 °C Ober-/Unterhitze vorheizen. Für die Füllung den Quark, den Frischkäse, die Speisestärke, das Spekulatiusgewürz und den Vanillezucker in eine große Schüssel geben. Den Puderzucker dazu sieben und die Mischung mit den Schneebesen des Handrührgeräts verrühren.

Anschließend die Füllung gleichmäßig auf dem Boden der Springform verteilen und die Torte auf der mittleren Schiene im vorgeheizten Backofen etwa 45 Minuten backen. Falls die Springform nicht vollständig dicht ist, unbedingt ein Backblech darunter in den Backofen schieben, welches gegebenenfalls flüssige Butter auffängt.

Die Form anschließend aus dem Ofen nehmen und die Torte vollständig abkühlen lassen.

Für das Topping die Schokodrops auf einem heißen Wasserbad schmelzen und mit einem kleinen Löffel über den Rand der Torte träufeln. Die Spekulatiuskekse mit den Händen über die noch flüssige Schokolade krümeln. Die Himbeeren vorsichtig waschen, trocken tupfen, in gleichmäßigen Abständen auf dem Schokoladenrand verteilen und in der noch flüssigen Schokolade leicht andrücken. Anschließend die Torte bis zum Servieren kalt stellen.

Mandarinentorte

Für 12 Stücke

Für den Biskuitteig
150 g Weizenmehl Type 550
60 g Rohrohrzucker
½ TL Backpulver
75 ml Rapsöl zzgl. etwas mehr für die Form
120 ml Mineralwasser mit Kohlensäure

Für die Füllung
300 g veganer Frischkäse auf Mandelbasis
200 g veganer Quark auf Mandelbasis
2 TL Lebkuchengewürz
50 g Puderzucker
400 g vegane Schlagcreme
350 g Mandarinen aus der Dose (Abtropfgewicht)
30 g Agar Agar

Für das Topping
175 g Mandarinen aus der Dose (Abtropfgewicht)
3 EL Mandelblättchen
4 Pfefferkuchen
vegane Sternstreusel, optional

Den Backofen auf 180 °C Umluft vorheizen und eine Springform (ø 26 cm) einfetten.

Für den Biskuitteig das Mehl, den Rohrohrzucker und das Backpulver in eine große Schüssel geben. Das Rapsöl und das Mineralwasser dazugeben und mit den Knethaken des Handrührgeräts zu einem glatten Teig verarbeiten.

Den Teig in die vorbereitete Backform füllen, gleichmäßig verteilen und im vorgeheizten Backofen etwa 25 Minuten backen. Anschließend abkühlen lassen.

Für die Füllung den Frischkäse, den Quark, das Lebkuchengewürz und den Puderzucker in eine große Schüssel geben. 350 g Schlagcreme in einem hohen Gefäß steif schlagen und ebenfalls in die Schüssel füllen. Mit den Schneebesen des Handrührgeräts alles miteinander vermengen. Die Mandarinen abgießen und in einem Sieb abtropfen lassen.

Die restliche Schlagcreme in einen kleinen Topf füllen und zusammen mit dem Agar Agar 2 Minuten aufkochen. Die Mischung dann mit in die Schüssel füllen und einrühren. Die Mandarinen dazugeben und erneut alles vorsichtig miteinander vermengen. Die Füllung in der Springform auf dem Biskuitboden verteilen und glatt streichen.

Für das Topping eine weitere Dose Mandarinen abtropfen lassen. Die Mandarinen auf der Füllung von der Mitte aus kreisförmig verteilen. Den Rand mit den Mandelblättchen dekorieren. Die Pfefferkuchen in grobe Stücke hacken und ebenfalls am Rand verteilen. Optional Sternstreusel zum Dekorieren verwenden.

Die Torte am besten über Nacht oder mindestens 4 Stunden im Kühlschrank fest werden lassen und anschließend gekühlt servieren.

Lebkuchengugelhupf

Für 20 Stücke

Für den Teig
100 g Marzipanrohmasse
200 g Weizenmehl Type 550
200 g gemahlene Haselnusskerne
50 g gemahlene Mandelkerne
1 EL Lebkuchengewürz
8 g Vanillezucker
100 g Orangeat
100 g Zitronat
100 ml Kokosblütenzucker
100 ml Rapsöl
250 ml Haferdrink
1 EL Apfelessig
1 TL Natron
1 Prise Salz

Für den Guss
200 g vegane Schokodrops
80 g Kokosöl
gehackte Haselnusskerne

Außerdem
Rapsöl für die Form

Den Backofen auf 180 °C Ober-/Unterhitze vorheizen. Für den Teig das Marzipan zerkleinern und mit den übrigen Zutaten in eine große Schüssel geben. Die Mischung mit den Knethaken des Handrührgeräts zu einem glatten Teig verarbeiten. Eine Gugelhupfform (ø 24 cm) mit Öl auspinseln.

Den Teig in die vorbereitete Form füllen und auf der mittleren Schiene im vorgeheizten Backofen etwa 50 Minuten backen. Den Kuchen anschließend aus dem Ofen nehmen, in der Form abkühlen lassen und auf einen Kuchenteller stürzen.

Für den Guss die Schokodrops mit dem Kokosöl auf einem heißen Wasserbad schmelzen und etwa 30 Minuten im Kühlschrank fester werden lassen.

Den Guss auf dem Kuchen verteilen, mit den gehackten Haselnüssen dekorieren, trocknen lassen und den Kuchen servieren.

Weihnachtliche Cupcakes

Für 12 Stück

Für den Teig
180 g Weizenmehl Type 550
20 g Kakaopulver
140 g Rohrohrzucker
2 TL Backpulver
8 g Vanillezucker
1 Prise Salz
60 g Rapsöl
190 ml ungesüßter Haferdrink

Für das Frosting
160 g veganer Frischkäse auf Mandelbasis
250 g Puderzucker
120 g vegane zimmerwarme Butter
rote und grüne Lebensmittelfarbe auf Pflanzenbasis

Außerdem
Muffinblech und Muffin-Papierförmchen, Spritzbeutel

Den Backofen auf 180 °C Ober-/Unterhitze vorheizen und ein Muffinblech mit den Muffinförmchen auslegen.

Für den Teig das Mehl und das Kakaopulver in eine große Schüssel sieben. Die restlichen Zutaten hinzufügen und mit den Knethaken des Handrührgeräts alles zu einem glatten Teig verarbeiten. Den Teig in die Muffinförmchen füllen und auf der mittleren Schiene im vorgeheizten Backofen etwa 20 Minuten backen. Die Muffins auf einem Kuchengitter abkühlen lassen.

Für das Frosting die Zutaten bis auf die Lebensmittelfarbe mit dem Schneebesen des Handrührgeräts verrühren. Das Frosting auf drei Schüsseln aufteilen. Eine Schüssel ohne Lebensmittelfarbe weiterverwenden. In die beiden anderen jeweils einen Spritzer grüne und rote Lebensmittelfarbe einrühren. Die Frostings vorsichtig so in den Spritzbeutel füllen, dass alle Farben gleichzeitig aus dem Beutel gedrückt werden können. Dann den Spritzbeutel mit Füllung für mindestens 30 Minuten in den Kühlschrank stellen. Anschließend die Muffins mit dem Frosting dekorieren und bis zum Verzehr im Kühlschrank aufbewahren.

Sonstige Kleinigkeiten

Orangen-Cakepops

Für 12 Stück

Für den Teig
250 g Schokokuchen (siehe Rezept Seite 86)
80 g veganer Frischkäse auf Mandelbasis
1 unbehandelte Orange

Außerdem
100 g vegane Schokodrops
ca. 12 TL gehackte Haselnusskerne (ca. 35 g)
Cakepop-Stiele

Für den Teig den Kuchen in einer Schüssel in feine Krümel zerbröseln. Den Frischkäse zu den Kuchenkrümeln geben.

Die Orange heiß abwaschen, trocken tupfen und die Schale abreiben. Den Abrieb mit in die Schüssel geben. Mit den Händen alles gut verkneten und 12 kleine Bällchen formen.

Die Schokodrops auf einem heißen Wasserbad schmelzen. Jeweils einen Cake-Pop-Stiel 1 cm tief in die flüssige Schokolade stecken, dann den schokolierten Bereich in jeweils ein Bällchen stecken. Den Vorgang für alle Bällchen wiederholen.

Die Bällchen am Stiel nun nacheinander in die flüssige Schokolade tauchen. Mit einem Löffel gegebenenfalls die Schokolade gleichmäßig verteilen. Dann überschüssige Schokolade über der Schüssel kurz abtropfen lassen, die Cakepops in ein Glas stellen, mit den gehackten Haselnüssen dekorieren und trocknen lassen.

Spekulatius-Cakepops

Für 12 Stück

Für den Teig
200 g Gewürzspekulatius
60 g veganer Frischkäse auf Mandelbasis
8 g Vanillezucker

Außerdem
100 g weiße vegane Schokodrops
1 EL Himbeerpulver
ca. 12 TL Schokostreusel (ca. 35 g)
Cakepop-Stiele

Für den Teig den Spekulatius in einer Küchenmaschine zerkleinern und in eine Schüssel füllen. Den Frischkäse und den Vanillezucker hinzugeben. Mit den Händen alles gut verkneten und 12 kleine Bällchen formen.

Die Schokodrops auf einem heißen Wasserbad schmelzen und das Himbeerpulver einrühren. Jeweils einen Cakepop-Stiel 1 cm tief in die flüssige Schokolade stecken, dann den schokolierten Bereich in jeweils ein Bällchen stecken. Den Vorgang für alle Bällchen wiederholen.

Die Bällchen am Stiel nun nacheinander vorsichtig in die flüssige Schokolade tauchen. Mit einem Löffel die Schokolade gleichmäßig verteilen. Die überschüssige Schokolade über der Schüssel abtropfen lassen, die Cakepops in ein Glas stellen, mit jeweils 1 TL Schokostreusel dekorieren und trocknen lassen.

Marzipan-Bliss-Balls

Für 10 Stück

100 g Marzipanrohmasse
30 g Cranberrys
40 g gehackte Haselnuss-
kerne
6 EL Kokosraspel

Das Marzipan, die Cranberrys und die gehackten Haselnüsse in eine große Schüssel geben. Mit den Händen alles verkneten und die Masse zu 10 kleinen Bällchen formen.

Die Bällchen in einer Schüssel mit den Kokosraspeln wälzen und die Raspel gut festdrücken. Die Bliss-Balls direkt servieren oder in luftdicht verschließbaren Dosen lagern.

Weihnachtscroissants mit Spekulatiusfüllung

Für 8 Stück

1 Portion Blätterteig (siehe Rezept Seite 69, alternativ 1 Packung Blätterteig aus dem Kühlregal)
8 g Vanillezucker
8 EL vegane Spekulatiuscreme
30 g vegane Schokodrops
2 EL gehackte Haselnusskerne

TIPP
Skizze zum Schneiden des Blätterteigs und für die Platzierung der Füllung:

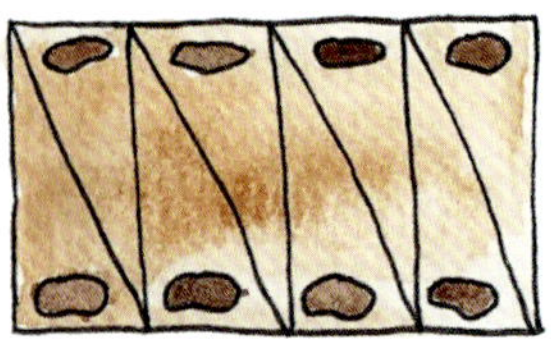

Den Backofen auf 180 °C Ober-/Unterhitze vorheizen und ein Backblech mit Backpapier auslegen.

Den Teig auf einer Arbeitsfläche quer entrollen und mit einem Pizza- oder Teigroller 8 Dreiecke zuschneiden (siehe Skizze). Den Teig mit dem Vanillezucker bestreuen. Dann pro Dreieck auf die der Spitze entgegengesetzten, langen Seite jeweils 1 EL Spekulatiuscreme geben. Die Dreiecke in Richtung der Spitze aufrollen, zu kleinen Hörnchen formen und auf das vorbereitete Backblech legen.

Die Hörnchen auf der mittleren Schiene im vorgeheizten Backofen etwa 15 Minuten goldbraun backen.

Die Schokodrops auf einem heißen Wasserbad schmelzen. Die flüssige Schokolade mit einem Löffel über die Hörnchen sprenkeln, mit den gehackten Haselnüssen bestreuen und trocknen lassen. Die Croissants gerne noch lauwarm servieren.

Punschkugeln

Für ca. 15 Stück

Für die Punschkugeln
300 g Schokokuchen (siehe Rezept auf Seite 86)
70 g vegane Schokodrops
ca. 50 ml Rum
20 g gehackte Haselnusskerne
2 EL Vanillezucker
1 EL Lebkuchengewürz

Für die Glasur
50 g vegane Schokodrops

Für die Punschkugeln den Schokokuchen in einer Schüssel in feine Krümel zerbröseln. Die Schokodrops auf einem heißen Wasserbad schmelzen. Die flüssige Schokolade zu den Kuchenkrümeln geben.

Den Rum, die Haselnüsse, den Vanillezucker und das Lebkuchengewürz zufügen und alles gut verkneten. Die Mischung etwa 1 Stunde im Kühlschrank fest werden lassen. Anschließend etwa 15 kleine Kugeln formen.

Die Schokodrops für die Glasur auf einem heißen Wasserbad schmelzen und dann die Schokolade über die Kugeln sprenkeln und trocknen lassen. Die Punschkugeln können direkt verzehrt oder im Kühlschrank gelagert werden.

Kekssalami

Für ca. 20 Scheiben

150 g Gewürzspekulatius
70 g vegane Schokodrops
70 g vegane Butter
80 ml Mandeldrink
40 g gehackte Walnusskerne
40 g gehackte Haselnusskerne
30 g gehackte Mandelkerne
40 g Rosinen
ca. 5 EL Puderzucker

Den Spekulatius in grobe Stücke hacken und in eine große Schüssel geben. Die Schokodrops mit der Butter auf einem heißen Wasserbad schmelzen. Den Mandeldrink hinzufügen und einrühren.

Die geschmolzene Mischung zu den Kekskrümeln geben. Die gehackten Nüsse, die Mandeln und die Rosinen zufügen. Alles miteinander verrühren und für etwa 30 Minuten in den Kühlschrank stellen.

Die Mischung zu einer großen Rolle formen. Diese anschließend in Frischhaltefolie oder ein Wachstuch wickeln und über Nacht im Kühlschrank fest werden lassen.

Die Kekssalami mit dem gesiebten Puderzucker einreiben und zum Servieren in Scheiben schneiden.

Marzipankartoffeln

Für 10 Stück

70 g Puderzucker
150 g Marzipanrohmasse
1 EL Zimt, gemahlen
1 EL Kakaopulver

Den Puderzucker in eine Schüssel geben. Das Marzipan grob zerkleinern und mit in die Schüssel füllen. Die Mischung mit den Händen gut verkneten und zu 10 kleinen Bällchen formen.

In einer kleinen Schüssel den Zimt und das Kakaopulver vermischen. Die Bällchen darin wälzen und leicht abklopfen. Die Marzipankartoffeln in luftdicht verschließbaren Dosen lagern.

Weihnachtswaffeln mit Vanille-Spekulatius-Creme

Für 2 große runde oder 4 kleine herzförmige Waffeln

Für den Teig
400 g Weizenmehl Type 550
2 TL Backpulver
50 g vegane Butter
400 ml Mandeldrink
100 g Rohrohrzucker
8 g Vanillezucker
50 ml Mineralwasser mit Kohlensäure
2 EL Zimt, gemahlen
Rapsöl zum Ausbacken der Waffeln

Für die Creme
100 g vegane Schlagcreme
1 TL Spekulatiusgewürz
16 g Vanillezucker
Puderzucker
vegane Zuckerstreusel
vegane Kekse

Für den Teig das Mehl mit dem Backpulver in eine große Schüssel sieben. Die Butter in einem kleinen Topf bei mittlerer Temperatur schmelzen. Anschließend die flüssige Butter in die Schüssel geben.

Den Mandeldrink, den Zucker, den Vanillezucker, das Mineralwasser und den Zimt hinzugeben und den Teig mit einem Schneebesen verrühren.

Das Waffeleisen aufheizen, mit reichlich Rapsöl bepinseln und den Teig zu goldbraunen Waffeln ausbacken.

Für die Creme die Schlagcreme mit dem Spekulatiusgewürz, dem Zimt und dem Vanillezucker in ein hohes Gefäß füllen und mit den Schneebesen des Handrührgeräts aufschlagen. Die Creme auf den leicht abgekühlten Waffeln verteilen. Nach Belieben mit dem Puderzucker, den Streuseln und den Keksen dekorieren und servieren.

Bratapfeltaschen

Für 6 Stück

Für die Bratapfeltaschen
2 mittelgroße Äpfel
40 g Kokosblütensirup
1 EL Zimt, gemahlen
1 EL vegane Butter
1 Portion Blätterteig (siehe Rezept Seite 69, alternativ 1 Packung Blätterteig aus dem Kühlregal)
100 g Marzipanrohmasse
Puderzucker zum Ausrollen

Für den Guss
100 g Puderzucker
1 Zitrone

Außerdem
2 EL Mandelblättchen
Schokostreusel

TIPP
Skizze für die Platzierung der Füllung auf dem Blätterteig:

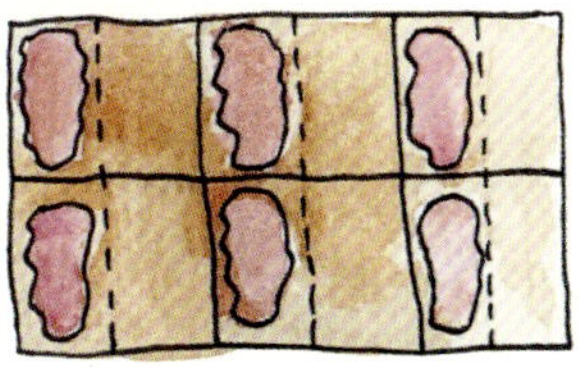

Den Backofen auf 200 °C Ober-/Unterhitze vorheizen und ein Backblech mit Backpapier auslegen.

Für die Bratapfeltaschen die Äpfel schälen, entkernen und in kleine Stücke schneiden. Zusammen mit dem Kokosblütensirup, dem Zimt und der Butter in einer Pfanne dünsten. Den Teig auf dem vorbereiteten Backblech entrollen und in 6 gleich große Rechtecke schneiden.

Das Marzipan auf etwas gesiebtem Puderzucker ausrollen, in 6 kleine Rechtecke schneiden und jeweils ein Marzipan-Rechteck auf die Hälfte eines Teig-Rechtecks (siehe Skizze) legen. Die Apfelmischung auf den Marzipan-Rechtecken verteilen, dabei mindestens 1 cm Rand lassen und die Taschen zuklappen.

Die Ränder mit einer Gabel festdrücken und mit einem scharfen Messer kleine Schlitze in die Oberseite der Taschen schneiden. Die Taschen auf der mittleren Schiene im vorgeheizten Backofen etwa 18 Minuten backen. Anschließend abkühlen lassen.

Für den Guss den Puderzucker in eine Schüssel geben. Die Zitrone halbieren, den Saft auspressen und schrittweise in die Schüssel einrühren, bis ein dickflüssiger Guss entsteht. Die Taschen damit glasieren und mit den Mandelblättchen und den Schokostreuseln dekorieren. Die Apfeltaschen lauwarm oder abgekühlt servieren.

Weihnachtliche Minidonuts

Für ca. 14 Stück aus dem Mini-Donutmaker oder 6–8 Stück vom Donutblech

Für den Teig
225 g Weizenmehl
1 EL Backpulver
65 g Rohrohrzucker
½ TL Zimt, gemahlen
125 g veganer Quark auf Mandelbasis
160 ml Mandeldrink
45 g Rapsöl zzgl. etwas mehr für die Form

Für die Glasur
75 g Schokodrops
50 g vegane Spekulatiuscreme
vegane Streusel

Die Platten des Mini-Donutmakers bzw. das Donutblech mit etwas Rapsöl bepinseln. Das Gerät anschalten oder alternativ den Backofen auf 175 °C Ober-/Unterhitze vorheizen.

Für den Teig das Mehl und das Backpulver in eine große Schüssel sieben. Den Zucker und den Zimt hinzufügen. Den Quark, den Mandeldrink und das Rapsöl in die Schüssel geben und alles mit den Knethaken des Handrührgeräts vermengen.

Mithilfe von zwei kleinen Löffeln den Teig in den Donutmaker bzw. in das Donutblech füllen und goldbraun ausbacken. Die Donuts aus der Form lösen und abkühlen lassen.

Für die Glasur die Schokodrops und die Spekulatiuscreme auf einem heißen Wasserbad schmelzen. Die Donuts mit der Oberseite in die Glasur tauchen, abtropfen lassen und auf einem Teller platzieren. Mit den Streuseln dekorieren und trocknen lassen. Die Donuts sofort oder abgekühlt servieren.

Mandelsplitter mit Spekulatius

Für ca. 30 Stück

45 g vegane Schokodrops
120 g vegane Spekulatiuscreme
150 g Mandelstifte

Die Schokodrops mit der Spekulatiuscreme auf einem heißen Wasserbad schmelzen. Die Mandelstifte hinzugeben und alles gut miteinander vermengen.

Mit zwei großen Löffeln kleine Mandelsplitter-Berge auf ein mit Backpapier ausgelegtes Backblech geben und abkühlen lassen. Die Mandelsplitter in luftdicht verschließbaren Dosen im Kühlschrank lagern.

Glasierte Mandeln

Für ca. 4 Tütchen

50 g Xylit
1 TL Zimt, gemahlen
150 g blanchierte Mandelkerne

50 ml Wasser, das Xylit und den Zimt in eine große, flache, beschichtete Pfanne geben. Die Mischung zum Kochen bringen, dabei aber nicht umrühren.

Die Mandeln zufügen und die Mischung weiter köcheln lassen. Dabei ständig rühren, bis das Xylit nach etwa 10 Minuten schmilzt.

Die Mandeln dann auf ein mit Backpapier ausgelegtes Backblech geben und vollständig aushärten lassen.

Weihnachtsdatteln

Für 10 Stück

- 10 Datteln
- 5 TL vegane Spekulatiuscreme
- 10 Walnusskerne
- 70 g vegane Schokodrops
- 3 EL gehackte Haselnusskerne

Die Datteln der Länge nach aufschneiden und entkernen. Jeweils ½ TL Spekulatiuscreme mit einem Löffel in die Datteln geben und eine Walnuss in die gefüllten Datteln hineindrücken.

Die Schokodrops auf einem heißen Wasserbad schmelzen, die Datteln mit der flüssigen Schokolade überziehen, mit den gehackten Haselnüssen bestreuen, trocknen lassen und gekühlt lagern.

Walnuss-Browniekonfekt

Für ca. 12 Stücke

Für den Teig
200 g vegane Schokodrops
185 g vegane Butter
120 g Dinkelvollkornmehl
200 g gehackte Walnusskerne
150 g Rohrohrzucker
8 g Vanillezucker
4 EL Kakaopulver
1 Prise Salz

Für den Guss
100 g vegane Schokodrops
50 g Kokosöl zzgl. etwas mehr für die Form
50 g gehackte Walnusskerne

Den Backofen auf 200 °C Ober-/Unterhitze vorheizen und eine rechteckige Backform (20x30 cm) dünn mit etwas Öl auspinseln. Für den Teig die Schokodrops und die Butter auf einem heißen Wasserbad schmelzen.

Das Mehl, die Walnüsse, den Rohrohrzucker, den Vanillezucker, das Kakaopulver und Salz in eine große Schüssel geben. Die Schoko-Buttermischung zufügen und mit den Knethaken des Handrührgeräts gut vermengen.

Den Teig in die vorbereitete Backform füllen, glatt streichen und auf der mittleren Schiene im vorgeheizten Backofen etwa 25 Minuten backen. Die Brownies anschließend aus dem Ofen nehmen und in der Form vollständig abkühlen lassen.

Für den Guss die Schokodrops mit dem Kokosöl auf einem heißen Wasserbad schmelzen und anschließend über die Brownies gießen. Die gehackten Walnüsse darauf verteilen und anschließend die Schokolade im Kühlschrank fest werden lassen. Zum Servieren die Brownies in Stücke schneiden.

TIPP
Stellt man die Brownies über Nacht in den Kühlschrank, sind sie besonders schokoladig und fest. In diesem Fall sollten die Brownies eine Stunde vor dem Anschneiden aus dem Kühlschrank genommen werden.

Früchtebrot

Für ca. 10 Scheiben

25 g Leinsamen
20 g Chiasamen
100 g Haferflocken
100 g Mandelmehl
1 TL Flohsamenschalen
1 TL Zimt, gemahlen
150 g Soft-Trocken-pflaumen
100 g Soft-Datteln
50 g Walnusskerne
50 g Rosinen

Die Leinsamen, die Chiasamen, die Haferflocken, das Mandelmehl, die Flohsamenschalen und den Zimt in eine große Schüssel füllen. 250 ml Wasser hinzufügen und kräftig verrühren.

Den Backofen auf 180 °C Ober-/Unterhitze vorheizen und ein Backblech mit Backpapier auslegen.

Die Trockenpflaumen, die Datteln und die Walnusskerne in grobe Stücke hacken und zu der Teigmischung geben. Die Rosinen zufügen und den Teig mit den Knethaken des Handrührgeräts verkneten.

Mit den Händen aus dem Teig einen Brotlaib formen, diesen auf das vorbereitete Backblech legen und das Früchtebrot auf der mittleren Schiene im vorgeheizten Backofen etwa 35 Minuten backen. Anschließend abkühlen lassen und zum Servieren in Scheiben schneiden.

Spekulatius-Erdbeer-Dessert

Für 2 Portionen

Für den Boden
50 g Spekulatius
20 g vegane Butter

Für die Creme
100 ml veganer Quark auf Mandelbasis
100 ml ungesüßter Sojajoghurt
8 g Vanillezucker
20 g Puderzucker

Für die Erdbeerschicht
150 g gefrorene Erdbeeren
1 EL Rohrohrzucker

Außerdem
2 Spekulatiuskekse

Für den Boden den Spekulatius in einer Küchenmaschine oder mit einer Teigrolle zerkleinern. Die Butter schmelzen, zu den Kekskrümeln geben und verrühren. Die Mischung auf zwei Gläser verteilen, mit einem Löffel andrücken und kalt stellen.

Für die Creme den Quark, den Joghurt und den Vanillezucker in eine Schüssel geben. Den Puderzucker dazu sieben, mit den Schneebesen des Handrührgeräts verrühren und die Creme auf 2 Gläser verteilen.

Für die Erdbeerschicht die Erdbeeren mit dem Zucker und 2 EL Wasser in einen Topf mit Deckel geben und bei mittlerer Temperatur auf dem Herd weichkochen. Die Erdbeeren mithilfe einer Gabel grob zerdrücken, etwas abkühlen lassen und auf der Creme verteilen.

Die Spekulatiuskekse in der Mitte zerbrechen und jeweils zwei Kekshälften pro Glas in die Erdbeercreme stecken. Die Gläser bis zum Verzehr kalt stellen.

Mandarinen-Pfefferkuchen-Dessert

Für 2 Portionen

- 200 g veganer Quark auf Mandelbasis
- 50 g veganer Frischkäse auf Mandelbasis
- 40 g Puderzucker
- 4 g Vanillezucker
- 2 TL Kakaopulver
- 1 TL Lebkuchengewürz
- 250 g Mandarinen aus der Dose (Abtropfgewicht)
- Pfefferkuchen (siehe z. B. Rezept Seite 36)

Den Quark und den Frischkäse in eine Schüssel geben. Den Puderzucker und den Vanillezucker dazugeben und verrühren.

Für die Pfefferkuchencreme die Hälfte der Mischung in eine separate Schüssel füllen. Das Kakaopulver und das Lebkuchengewürz dazugeben und alles verrühren.

Die Mandarinen abgießen und jeweils 2 Mandarinen pro Glas für das Topping zur Seite legen. Die Hälfte der Mandarinen in zwei Dessertgläser füllen. Die Pfefferkuchencreme auf die Mandarinen geben.

Die restlichen Mandarinen auf die Gläser verteilen und mit der hellen Creme abschließen. Mit den Pfefferkuchen und den beiseitegestellten Mandarinen dekorieren und bis zum Verzehr kalt stellen.

Mousse au Chocolat mit Glühwein-Creme

Für 2 Portionen

Für das Mousse au Chocolat
100 ml Aquafaba
20 g Puderzucker
75 g vegane Schokodrops

Für die Creme
40 ml Glühwein
120 g veganer Frischkäse auf Mandelbasis
40 g Puderzucker

Außerdem
ca. 10 gefrorene oder frische Heidelbeeren
1 TL gehackte Mandelkerne

Für die Mousse au Chocolat das Aquafaba in einem hohen Gefäß steif schlagen. Den Puderzucker einrühren.

Die Schokodrops auf einem heißen Wasserbad schmelzen. Die flüssige Schokolade langsam in die Aquafaba-Mischung gießen und beides mit den Schneebesen des Handrührgeräts verrühren, bis eine feste Mousse entsteht. Die Mousse auf zwei Gläser verteilen.

Für die Creme den Glühwein, den Frischkäse und den Puderzucker in eine Schüssel geben und mit den Schneebesen zu einer glatten Creme verrühren. Sollte sich der Frischkäse nicht problemlos lösen, kann auch ein Stabmixer verwendet werden. Die Creme auf der Mousse au Chocolat verteilen.

Die Gläser mit den Heidelbeeren und den gehackten Mandeln dekorieren und bis zum Verzehr kalt stellen.

Nuss-Tonka-Krokant

Für ca. 4 Tütchen

100 g Mandelkerne
30 g Walnusskerne
100 g Xylit
1 EL vegane Butter
½ Tonkabohne

Ein Backblech mit Backpapier auslegen. Die Mandel- und Walnusskerne in grobe Stücke hacken.

Das Xylit und die Butter in einer Pfanne bei mittlerer Temperatur zerlassen. Die Tonkabohne fein raspeln und den Abrieb mit in die Pfanne geben.

Die gehackten Mandeln und Nüsse zufügen und die Mischung unter Rühren karamellisieren lassen.

Sobald die Mischung hellbraun und dickflüssig ist, diese auf das vorbereitete Backblech geben und für mehrere Stunden abkühlen und aushärten lassen. Anschließend in Stücke brechen und in luftdicht verschließbaren Dosen lagern.

Guss und Glasur

Zutaten jeweils für einen Kuchen
oder 1 bis 2 Bleche Plätzchen, je nach Rezept
individuell anpassen.

Schokoladenglasur

Für Kuchen

200 g vegane Schokodrops (zartbitter oder weiß)
80 g Kokosöl

Die Schokodrops und das Kokosöl auf einem heißen Wasserbad schmelzen.

Die flüssige Mischung mit einem großen Löffel gleichmäßig auf dem Kuchen verteilen und trocknen lassen.

Himbeer-Zitronen-Guss

Für Plätzchen und Kuchen

200 g Puderzucker
1 EL Himbeerpulver
1 Zitrone
vegane Streusel zum Dekorieren, nach Belieben

Den Puderzucker und das Himbeerpulver in eine kleine Schüssel sieben.

Die Zitrone halbieren und den Saft in eine separate Schüssel auspressen.

Den Zitronensaft tropfenweise mit dem Puderzucker zu einem dickflüssigen Guss verrühren.

Den Guss auf den Plätzchen oder dem Kuchen mit einem Löffel verteilen, nach Belieben sofort mit Streuseln dekorieren und trocknen lassen.

Schokoladenglasur

Für Plätzchen

150 g vegane Schokodrops (zartbitter oder weiß)
1 EL Kokosöl

Die Schokodrops und das Kokosöl auf einem heißen Wasserbad schmelzen.

Die flüssige Mischung mit einem kleinen Löffel auf den Plätzchen verteilen und trocknen lassen.

Weißer Guss

Für Plätzchen, Lebkuchen und Zimtsterne

30 ml gekühltes Aquafaba
150 g Puderzucker

Das Aquafaba in einem hohen Gefäß steif schlagen. Den Puderzucker daraufsieben und sorgfältig mit dem Aquafaba verrühren.

Den Guss in einen Spritzbeutel füllen und das Gebäck nach Belieben dekorieren. Anschließend für mehrere Stunden trocknen lassen.

Klassischer Zitronenguss

Für Plätzchen und Kuchen

200 g Puderzucker
1 Zitrone
vegane Streusel
zum Dekorieren,
nach Belieben

Den Puderzucker in eine kleine Schüssel sieben. Die Zitrone halbieren und den Saft in eine separate Schüssel auspressen.

Den Zitronensaft tropfenweise mit dem Puderzucker zu einem dickflüssigen Guss verrühren.

Den Guss auf den Plätzchen oder dem Kuchen mit einem Löffel verteilen, nach Belieben sofort mit Streuseln dekorieren und trocknen lassen.

Orangenguss

Für Plätzchen und Kuchen

200 g Puderzucker
1 Orange
vegane Streusel
zum Dekorieren,
nach Belieben

Den Puderzucker in eine kleine Schüssel sieben. Die Orange halbieren und den Saft in eine separate Schüssel auspressen.

Den Orangensaft tropfenweise mit dem Puderzucker zu einem dickflüssigen Guss verrühren.

Den Guss mit einem Löffel auf den Plätzchen oder dem Kuchen verteilen, nach Belieben sofort mit Streuseln dekorieren und trocknen lassen.

Matchaguss

Für Plätzchen und Kuchen

200 g Puderzucker
1 EL Matchapulver
1 Zitrone
vegane Streusel zum Dekorieren, nach Belieben

Den Puderzucker und das Matchapulver in eine kleine Schüssel sieben. Die Zitrone halbieren und den Saft in eine separate Schüssel auspressen.

Den Zitronensaft tropfenweise mit dem Puderzucker zu einem dickflüssigen Guss verrühren. Den Guss auf den Plätzchen oder dem Kuchen verteilen, nach Belieben sofort mit den Streuseln dekorieren und trocknen lassen.

Glühweinguss

Für Plätzchen und Kuchen

250 g Puderzucker
50 ml Glühwein
vegane Streusel zum Dekorieren, nach Belieben

Den Puderzucker in eine kleine Schüssel sieben. Den Glühwein hinzugeben und gründlich einrühren.

Den Guss auf dem Kuchen oder den Plätzchen verteilen, nach Belieben sofort mit den Streuseln dekorieren und trocknen lassen.

Nougatglasur

Für Kuchen

175 g vegane Schokodrops
50 g vegane Butter
50 g Haselnussbutter
2 EL Agavendicksaft

Die Schokodrops und die Butter auf einem heißen Wasserbad schmelzen.

Die Haselnussbutter und den Agavendicksaft zufügen und gründlich verrühren.

Die Glasur mit einem großen Löffel gleichmäßig auf dem Kuchen verteilen und trocknen lassen.

Rumguss

Für Plätzchen und Kuchen

200 g Puderzucker
2 EL Rum

Den Puderzucker in eine kleine Schüssel sieben. Den Rum hinzugeben.

Etwas kaltes Wasser tropfenweise mit der Puderzucker-Rum-Mischung zu einem dickflüssigen Guss verrühren.

Den Guss mit einem Löffel auf den Plätzchen oder dem Kuchen verteilen und trocknen lassen.

Register

ALPHABETISCH

NACH KAPITEL

Plätzchen-Klassiker

Besonderes Gebäck

Kuchen und Torten

Sonstige Kleinigkeiten

Guss und Glasur

Dank

Ohne die ganzen wunderbaren Menschen in meinem Leben wäre so ein Buchprojekt neben den vielen anderen Aufgaben im Alltag niemals umsetzbar. Einer der wunderbarsten Menschen bist du, Alexander! Ohne dich würde ich wohl immer noch in Gebäck und Ideen schwimmen. Ich danke dir für deine tatkräftige Unterstützung beim Essen der vielen Plätzchen und Kuchen, beim Gegenlesen der Texte, für neue Ideen und vor allem für deine tagtägliche Unterstützung beim Großprojekt Leben!

Mein Dank geht außerdem an meine tollen Eltern, meine Familie, Freunde und Kollegen, die mir dankenswerterweise bei sommerlichen Temperaturen blechweise weihnachtliche Kekse und Kuchenstücke abgenommen und Feedback zu den verschiedensten Kreationen gegeben haben. Jetzt kann ich es euch verraten – ja, all die Gebäckstücke, die euch so gut geschmeckt haben, waren vegan.

Über die Autorin

Caroline Loße vereint ihre Leidenschaft für die nachhaltige vegane Küche auf wunderbare Weise mit ihrem Auge für schöne Bilder. Sie arbeitet freiberuflich als Fotografin und beeindruckt auf ihrem Foodblog »Sugarberry« mit ihren farbenfrohen und köstlichen Kreationen. Seit 2015 teilt sie ihre Ideen auch mit einer immer größer werdenden Community auf Instagram. »Vegane Weihnachtsbäckerei« ist nach dem großen Erfolg von »Vegane Heimatküche« Carolines zweites Kochbuch.

Impressum

Produktmanagement: Britta Bettendorf
Redaktion: Susanne Cremer
Korrektorat: Christiane Gsänger
Layout & Satz: Elke Mader
Umschlaggestaltung: Regina Degenkolbe
Repro: LUDWIG:media
Herstellung: Bettina Schippel

Printed in Turkey by Elma Basim

Rezepte & Texte: Caroline Loße
Fotografie: siehe Bildnachweis

★★★★★

Sind Sie mit diesem Titel zufrieden? Dann würden wir uns über Ihre Weiterempfehlung freuen. Erzählen Sie es im Freundeskreis, berichten Sie Ihrem Buchhändler oder bewerten Sie bei Onlinekauf. Und wenn Sie Kritik, Korrekturen oder Aktualisierungen haben, freuen wir uns über Ihre Nachricht an Christian Verlag, Postfach 40 02 09, D-80702 München oder per E-Mail an lektorat@verlagshaus.de

Unser komplettes Programm finden Sie unter

www.christian-verlag.de

Alle Angaben dieses Werkes wurden von der Autorin sorgfältig recherchiert und auf den neuesten Stand gebracht sowie vom Verlag geprüft. Für die Richtigkeit der Angaben kann jedoch keine Haftung übernommen werden, weshalb die Nutzung auf eigene Gefahr erfolgt. Sollte dieses Werk Links auf Webseiten Dritter enthalten, so machen wir uns die Inhalte nicht zu eigen und übernehmen für die Inhalte keine Haftung.

In diesem Buch wird aus Gründen der besseren Lesbarkeit das generische Maskulinum verwendet. Weibliche und anderweitige Geschlechteridentitäten werden dabei ausdrücklich mitgemeint, soweit es für die Aussage erforderlich ist.

Bildnachweis
Alle Bilder des Innenteils und auf dem Umschlag stammen von Caroline Loße mit Ausnahme von: S. 9: shutterstock/images72; S. 10: shutterstock/Rawpixel.com; S. 11: shutterstock/ZlataMarka.

Die Deutsche Nationalbibliothek verzeichnet diese Publikation in der Deutschen Nationalbibliografie; detaillierte bibliografische Daten sind im Internet über http://dnb.d-nb.de abrufbar.

Infanteriestraße 11a
80797 München

ISBN 978-3-95961-724-6